职业技能等级认定培训教材

城市管理网格员

（基础知识）

城市管理网格员职业技能等级认定培训教材编委会　组织编写

本书编审人员

主　编　高建武　漆志红
参　编　张　东　钱　双　朱　瑞　皮定均　杨树伟　张玉超
　　　　李京平　殷　辉　文　箭　王亚东　许　晶　张宝卿
　　　　申马达　李　焱　何树强　欧　磊　杨青元　郭安安
　　　　张　兵　张　浦　孙少敏　魏希影　沈　涛　高杏林
　　　　王　鑫　陈　婧　朱宇欣　胡燕妮　高朗静　张俊玲
　　　　张东伟
主　审　程承旗

中国劳动社会保障出版社

图书在版编目（CIP）数据

城市管理网格员：基础知识 / 城市管理网格员职业技能等级认定培训教材编委会组织编写 . -- 北京：中国劳动社会保障出版社，2023

职业技能等级认定培训教材

ISBN 978-7-5167-6071-0

Ⅰ.①城⋯　Ⅱ.①城⋯　Ⅲ.①城市管理 – 职业技能 – 鉴定 – 教材　Ⅳ.①F293

中国国家版本馆 CIP 数据核字（2023）第 159969 号

中国劳动社会保障出版社出版发行

（北京市惠新东街 1 号　邮政编码：100029）

*

北京市白帆印务有限公司印刷装订　　新华书店经销
787 毫米 ×1092 毫米　16 开本　14 印张　222 千字
2023 年 12 月第 1 版　2023 年 12 月第 1 次印刷
定价：39.00 元

营销中心电话：400-606-6496
出版社网址：http://www.class.com.cn

版权专有　　侵权必究

如有印装差错，请与本社联系调换：（010）81211666
我社将与版权执法机关配合，大力打击盗印、销售和使用盗版图书活动，敬请广大读者协助举报，经查实将给予举报者奖励。
举报电话：（010）64954652

前　言

为加快建立劳动者终身职业技能培训制度，全面推行职业技能等级制度，推进技能人才评价制度改革，促进职业培训包制度与职业技能等级认定制度的有效衔接，进一步规范培训管理，提高培训质量，城市管理网格员职业技能等级认定培训教材编委会组织有关专家依据《城市管理网格员国家职业技能标准（2022年版）》（以下简称《标准》），编写了城市管理网格员职业技能等级认定培训教材（以下简称等级教材）。

城市管理网格员等级教材紧贴《标准》要求编写，内容上突出职业能力优先的编写原则，结构上按照职业功能模块分级别编写。该等级教材共包括《城市管理网格员（基础知识）》《城市管理网格员（初级）》《城市管理网格员（中级）》《城市管理网格员（高级）》《城市管理网格员（技师）》5本。《城市管理网格员（基础知识）》是各级别城市管理网格员均需掌握的基础知识，其他各级别教材内容分别包括各级别城市管理网格员应掌握的理论知识和操作技能。

本书是职业技能等级认定推荐教材，也是职业技能等级认定题库开发的重要依据，已纳入职业培训包教材资源，适用于职业技能等级认定培训和中短期职业技能培训。

本书在编写过程中得到博银网格（北京）教育科技有限公司等单位的大力支持与协助，在此一并表示衷心感谢。

城市管理网格员职业技能等级认定培训教材
编委会

目 录 CONTENTS

职业模块 1　职业道德
培训课程 1　职业道德基本知识 …………………………………… 3
培训课程 2　网格员的职业守则 …………………………………… 7

职业模块 2　通用基础知识
培训课程 1　政治与党建知识 ……………………………………… 15
培训课程 2　智能移动终端应用知识 ……………………………… 28
培训课程 3　计算机及常用办公软件应用知识 …………………… 31
培训课程 4　常用公文写作知识 …………………………………… 38

职业模块 3　网格化理论基础知识
培训课程 1　网格与网格化 ………………………………………… 55
培训课程 2　网格化社会治理 ……………………………………… 70
培训课程 3　网格化社会治理下的基层治理 ……………………… 91
培训课程 4　网格化社会治理下的公共服务 ……………………… 96

职业模块 4　网格化安全环保
培训课程 1　网格化生产安全 ……………………………………… 105
培训课程 2　网格化消防安全 ……………………………………… 113
培训课程 3　网格化交通安全 ……………………………………… 120
培训课程 4　网格化食品药品安全 ………………………………… 124
培训课程 5　网格化生态环保 ……………………………………… 129

职业模块 5　网格化相关政策与法律法规知识
培训课程 1　新时代网格化的法律体系 …………………………… 137

培训课程 2　网格化社会治理国家标准 ································· 143
培训课程 3　《中华人民共和国民法典》相关规定 ················· 147
培训课程 4　安全隐患排查相关法律法规 ····························· 174
培训课程 5　治安巡防相关法律法规 ···································· 186
培训课程 6　矛盾纠纷化解相关法律法规 ····························· 191
培训课程 7　社会治理与公共服务类法律法规 ······················ 201
培训课程 8　数据安全类法律法规 ······································· 204
培训课程 9　生态环保的法律法规 ······································· 207

附录　城乡社区网格化服务管理规范 ································· 211

职业模块 ①
职业道德

培训课程 1

职业道德基本知识

城市管理网格员（以下简称网格员）作为基层社会治理中的重要力量，应当具备相应的职业道德，调节网格员与服务对象的关系，提高网格化社会治理服务与管理的质量，维护网格员的形象、信用和声誉，为网格化社会治理的发展贡献自己的力量。

一、职业道德的概念及基本内涵

1. 职业道德的概念

道德通过社会舆论、传统习俗和人们的内心信念来维系，是对人们的行为进行善恶评价的心理意识、原则规范和行为活动的总和。而职业道德就是从事一定职业的人们在职业活动中所应遵循的道德原则和行为规范的总和。它是同人们的职业活动紧密联系的，符合职业特点所要求的道德准则、道德情操与道德品质的总和，是人们在从事职业活动的过程中形成的一种内在的、非强制性的约束机制，而且是本行业对社会所承担的道德责任和义务。

道德与职业道德渗透于生活与工作的各个方面，既是人们应当遵守的行为准则，又是对人们思想和行为进行评价的标准。

2. 职业道德的基本内涵

（1）职业道德是一种职业规范，受社会普遍的认可。

（2）职业道德是长期以来自然形成的。

（3）职业道德没有确定形式，通常体现为观念、习惯、信念等。

（4）职业道德依靠文化、内心信念和习惯，通过员工的自律实现。

（5）职业道德大多没有实质的约束力和强制力。

（6）职业道德的主要内容是对员工义务的要求。

（7）职业道德标准多元化，代表了不同企业可能具有的不同价值观。

（8）职业道德承载着企业文化和凝聚力，影响深远。

二、职业道德的特点

职业道德与一般的道德有着密切的联系，同时也有自己的特点。

1. 行业性

行业性即鲜明地表达职业义务、职业责任以及职业行为上的道德准则。行业性是职业道德区别于一般道德的显著特点。一定的职业道德只适用于特定的职业活动领域，带有各自不同的个性特征，鲜明地体现着社会对某种具体职业活动的特殊要求。它往往只约束从事该行业和职业的人员以及他们在职业活动中所发生的行为。

2. 稳定性和连续性

稳定性和连续性即职业道德具有不断发展和世代延续的特征及一定的历史继承性。

3. 实用性和规范性

实用性和规范性即根据职业活动的具体要求对人们在职业活动中的行为用条例、章程、守则、制度、公约等形式作出规定。

4. 社会性和时代性

职业道德是一定的社会或阶级的道德原则和规范，不能离开阶级道德或社会道德而独立存在。随着时代的变化职业道德也在发展，在一定程度上体现着当时社会道德的普遍要求，具有时代性。

三、职业道德的具体内容

《新时代公民道德建设实施纲要》中明确指出，推动践行以爱岗敬业、诚实守信、办事公道、热情服务、奉献社会为主要内容的职业道德，鼓励人们在工作中做一个好建设者。因此，我国现阶段各行各业普遍适用的职业道德的基本内容是爱岗敬业、诚实守信、办事公道、热情服务、奉献社会。

1. 爱岗敬业

爱岗敬业是职业道德的基础，是社会主义职业道德所倡导的首要规范。爱岗就是热爱自己的本职工作，忠于职守，对本职工作尽心尽力；敬业是爱岗的升华，就是以恭敬严肃的态度对待自己的职业，对本职工作一丝不苟。爱岗敬业就是对自己的工作要专心、认真、负责任，为实现职业上的奋斗目标而努力。

2. 诚实守信

诚实就是实事求是地待人做事，不弄虚作假。在职业行为中最基本的体现就是诚实劳动。守信要求讲求信誉，重信誉、信守诺言。要求每名从业者在工作中严格遵守国家的法律、法规和本职工作的条例、纪律；要求做到秉公办事、坚持原则，不以权谋私；要求做到实事求是、信守诺言，对工作精益求精，注重产品质量和服务质量、并同弄虚作假、坑害群众的行为进行坚决的斗争。

3. 办事公道

办事公道是指从业人员在办事情处理问题时，要站在公正的立场上，按照同一标准和同一原则办事。即处理各种职业事务要公道正派、不偏不倚、客观公正、公平公开。对不同的服务对象一视同仁、秉公办事，不因职位高低、贫富亲疏的差别而区别对待。

4. 热情服务

热情服务是指听取群众意见，了解群众需要，为群众着想，端正服务态度，改进服务措施，提高服务质量。做好本职工作是服务人民最直接的体现。要有效地履职尽责，必须坚持工作的高标准。工作的高标准是单位建设的客观需要，是强烈的事业心和责任感的具体体现，也是履行岗位责任的必然要求。

5. 奉献社会

奉献社会是社会主义职业道德的最高境界和最终目的。奉献社会是职业道德的出发点和归宿。奉献社会就是要履行对社会、对他人的义务，自觉地、努力地为社会、为他人做出贡献。当社会利益与局部利益、个人利益发生冲突时，要求每一个从业人员把社会利益放在首位。

四、职业道德的作用

职业道德是社会道德体系的重要组成部分，它一方面具有社会道德的一般作用，另一方面又具有自身的特殊作用。

1. 调节职业交往中从业人员内部以及从业人员与服务对象间的关系

职业道德的基本职能是调节职能。它一方面可以调节从业人员内部的关系，即运用职业道德规范约束职业内部人员的行为，促进职业内部人员的团结与合作。如职业道德规范要求各行各业的从业人员都要团结、互助、爱岗、敬业、齐心协力地为发展本行业、本职业服务。另一方面，职业道德又可以调节从业人员和服务对象之间的关系。如职业道德规定了制造产品的工人怎样对用户负责，营销人员怎样对顾客负责，医生怎样对病人负责，教师怎样对学生负责等。

具备高水平职业道德的网格员在工作中能够与同事团结协作，积极互动，能够对服务的群众产生爱心、耐心、细心、热心等高水平的服务意识，面对工作中的委屈、不公、不理解，能够积极调解自己的情绪和行动，时刻用职业角色要求自己。

2. 有助于维护和提高本行业的信誉

一个行业、一个企业的信誉，即它们的形象、信用和声誉，是指企业及其产品与服务在社会公众中的信任程度。提高企业的信誉主要靠产品质量和服务质量，而从业人员职业道德水平高是产品质量和服务质量的有效保证。若从业人员职业道德水平不高，就很难生产出优质的产品、提供优质的服务。

具备高水平职业道德的网格员，在工作中会时刻谨记自己并不是代表个人，而是代表整个网格员团队，会积极维护网格员的形象、信用和声誉，进而提升网格化服务管理的质量。

3. 促进本行业的发展

行业、企业的发展有赖于较高的经济效益，而较高的经济效益源于较高的员工素质。员工素质主要包含知识、能力、责任心三个方面，其中责任心是最重要的。而职业道德水平高的从业人员其责任心是极强的，因此，职业道德能促进本行业的发展。

责任心强的网格员可以做到自觉自省，会在工作中不断积累职业知识，提升职业技能，思考如何优化自己的工作，进而促进网格化的发展。

4. 有助于提高全社会的道德水平

职业道德是整个社会道德的主要内容。职业道德一方面涉及每个从业者如何对待职业，如何对待工作，同时也是一个从业人员的生活态度、价值观念的表现；是一个人的道德意识、道德行为发展的成熟阶段，具有较强的稳定性和连续性。

培训课程 2 网格员的职业守则

一、网格员职业守则要求

1. 爱国守法，拥护中国共产党的领导

网格员要热爱祖国、热爱人民、拥护中国共产党的领导，遵守宪法和法律法规，贯彻落实党和国家有关方针政策。

爱国是最基本的道德标准，是公民遵守各种道德规范的前提和基础；守法是爱国规范的延伸。爱国必须守法，守法是爱国的重要表现和必然要求。

爱国主要是规范公民与国家的关系，其内涵就是热爱祖国，报效人民，维护国家的统一，捍卫民族的尊严。爱国是每个中国公民的义务和责任，它要求所有公民都必须把热爱祖国作为自己的一个神圣的道德义务。维护国家的统一，保卫国家的利益，为祖国的繁荣富强而努力奋斗，是每一个公民的光荣责任。

爱国作为基本的道德要求，它渗透于公民道德建设的各种规范之中，与社会公德、职业道德和家庭美德相联系，主要体现在对祖国的强烈责任感上，同时它还必须具体落实到以高度的责任感做好自己的本职工作，做好每一件有利于祖国强盛的事情上。同样，它还必须具体落实到社会公德、职业道德和家庭美德上。

守法规范也主要体现公民与国家的关系，其内涵就是学法、知法、用法，自觉维护宪法和法律的权威。我国是法治社会，每个公民都必须具备较强的法治意识，掌握必备的法律知识，认真执行各项法令、法规和规章制度，自觉遵守和服从法律，有明确的法制观念，这是现代社会文明教养的基本要求。换句话说,在现代文明社会中,社会成员如果没有基本的法律知识,不遵守法律,不懂得维护宪法的尊严,就不能说他是一个文明的人,一个有道德的人。

2. 爱岗敬业,严格要求自己

爱岗敬业是爱岗与敬业的总称。爱岗和敬业,互为前提,相互支持,相辅相成。爱岗是敬业的基石,敬业是爱岗的升华。

爱岗敬业是对从业人员最根本、最核心的要求。爱岗敬业是指忠于职守的职业精神,这是网格员职业道德的基础。爱岗就是网格员应该热爱自己的本职工作,安心于本职岗位,稳定、持久地在网格化工作中耕耘,恪尽职守地做好本职工作。敬业就是网格员应该充分认识本职工作在社会综合治理活动中的地位和作用,认识本职工作的社会意义和道德价值,具有网格员职业的荣誉感和自豪感,在职业活动中具有高度的劳动热情和创造性,以强烈的事业心、责任感从事网格员工作。爱岗敬业要求网格员具有强烈的事业心和高度的责任感,要求网格员敢于对自己所从事的工作承担责任,既要深入居民之中听取群众的心声,又要及时准确地向上级反映;既要满腔热情、积极主动地及时解决社区居民的困难,又要有克服困难、开拓创新的决心。

网格员要在自己的本职工作岗位上做到爱岗敬业,需要做好以下三点:一是要乐业,做到在其位、干其事、干好事;二是要勤业,做到出满勤、干满点、满负荷;三是要精业,做到钻技术、精业务、会管理。

3. 诚实守信,保护群众隐私

网格员在具体工作过程中,应该诚心诚意地为社区居民服务,居民群众提出的意见和建议,只要说得对,都应该认真接受。要客观如实地反映社区居民的呼声和要求,绝不能为了标榜自己人格的高尚和伟大而弄虚作假,也不要为了迎合政府或官方的意图而不顾事实,文过饰非。

诚信的特征体现在四个方面:通识性、智慧性、止损性、资质性。

(1)通识性,是指与其他协调性道德要求的历史性、民族性相比,诚信道德要求的内容在时空上具有普适性,尽管不同的民族、不同的时代对诚信的理解和阐释会带有民族文化的烙印,但基本的价值倾向是趋于一致的,即对己要出于本心而不自欺,对人要坦诚而不虚假,对事要求实而不掺伪作假,对承诺要重视践行。

(2)智慧性,是指在现实生活中,做人行事必须要诚实守信,但由于社会环境的复杂性、人们性格的差异性及其效果的优劣性,在不改变诚信宗旨的前提下,说真话、办实事、守约定。诚信道德的表现方式可以是多样的,要审时度势,讲究方式和策略。

(3)止损性,是指社会运行的秩序要求,需要社会成员具有一定的底线利益割舍,就像股票投资的止损原则一样。

(4)资质性,是指诚信是人们行为的一种客观存在,是个人或人格化的集体的一种标识,这种标识经过多次积淀后所形成的信誉,就具有了资质性,它是一个企业的无形资产和一个人的人格声誉。

4. 公道正派,调节矛盾纠纷

所谓公道,就是公平、客观、合理,遵循事物发展和人类社会关系中的基本法则,尊重事物的本来面目;所谓正派,就是作风、品行要规矩、光明、严谨,要符合社会大众的道德意识、思维方式和行为方式。

网格员是基层社会治理的专门力量,需要在职业活动中,在处理各种事务时要不偏袒、不歧视,公正地对待每一个社区居民。网格员在长期的工作接触中,必然会与一部分居民建立起良好的关系,也必然会与一些居民发生不愉快的事情。在这种情况下,网格员应该用理性处理问题,广泛团结社区内的居民群众,对待群众一视同仁,坚决按照有关政策和法规秉公办事。

5. 热情服务,以人民为中心

热情服务就是要全心全意地为人民服务,一切以群众的利益为出发点和归宿。为人民服务要求热情周到,满足群众需求并具有高超的服务技能。

热情服务的出发点在于尊重群众。它要求尊重群众的意见,倾听群众的声音,郑重考虑群众的要求。一个职场从业者只有真正懂得尊重群众,了解群众的所思所需,才能更好地维护人民群众的利益。

热情服务的意义在于,它把服务的权力归还人民,使服务具有普遍性、平等性,使其道德内涵真正得到体现。尽管每个人的能力有大小、职位有高低,但都有为人民服务的共同义务和责任。任何人只要处在某一职业岗位上,就应使该岗位的义务和责任得到体现。

网格工作是一个涉及范围广泛而内容又十分复杂的系统工程,单凭一腔热情是不能做好网格工作的。网格工作以人为本,这就要求网格员必须经常深入实际,了解民情,反映民意。不仅如此,网格员还要经常向辖区居民学习,不断地从中汲取丰富的实践经验和各种知识。唯有密切联系群众,才能随时听到来自不同群众的意见、要求和想法,才能更好地为群众服务。

6. 奉献社会，实现个人社会价值

奉献社会是职业道德中最高层次的要求，也是每个职场从业者职业道德修养的最终目标。奉献社会的基本要求就是坚持把公众的利益、社会效益摆在第一位，也就是必须把社会上大多数人的利益放在首位，努力促进社会生活和生态环境的和谐发展，实现个人的社会价值。

对网格员来说，奉献就是在网格化工作中，不以追求报酬为最终目的而付出劳动、时间，并创造出成果的思想和行为。可见，奉献不仅表现为一种行为，而且也表现为一种思想品质和对工作的态度。同时，奉献还意味着在工作中追求卓越，精益求精，体现为一种高度的职业责任感。网格员在职业活动中，要不断加强道德建设，把善良的动机、美好的愿望付诸实践，在实践中使社区居民得到实实在在的利益，切切实实推进社会主义现代化建设事业的发展，使自己的工作产生社会效益。

二、网格员职业守则的表现

1. 尊重服务对象，全心全意服务

（1）网格员应以居民的正当需求为出发点，全心全意为居民提供专业服务，最大程度地维护居民的合法权益。

（2）网格员应平等对待和接纳服务对象，不因民族、种族、性别、户籍、职业、宗教信仰、社会地位、教育程度、身体状况、财产状况、居住期限等因素而区别对待。

（3）网格员应尊重服务对象的知情权，确保居民在接受服务的过程中，了解自身和机构的权利、责任和义务，以及获得服务的情况和可能由此产生的结果。

（4）网格员应在不违反法律、不妨碍他人正当权益的前提下，保护居民的隐私，对在服务过程中获取的信息资料予以保密。

（5）网格员不得利用与居民或组织的专业关系，谋取私人利益或其他不当利益，损害居民或组织的合法权益。

2. 信任支持同事，促进共同成长

（1）网格员应与同事建立平等互信的工作关系。

（2）网格员应主动与同事分享知识、经验、技能，互相促进，共同成长。在必要时有责任协助同事为居民提供服务，接受转介的工作。

（3）网格员应尊重其他社会工作者、专业人士和志愿者的不同意见及工作方法。任何建议、批评及冲突都应以负责任、建设性的态度进行沟通和解决。

（4）网格员应相互督促支持，对同事违反专业要求的言行予以提醒，对同事受到与事实不符的投诉予以澄清。

3. 践行专业使命，促进机构发展

（1）网格员应认同网格中心的使命和发展目标，遵守机构规章制度，按照机构赋予的职责开展专业服务。

（2）网格员应积极维护网格中心的形象和声誉，在发表公开言论或进行公开活动时，应表明自己代表的是个人还是机构。

（3）网格员应致力于推动网格中心遵循社会综合治理的专业使命和价值观，促进机构成长，参与机构管理，增强服务能力，提高服务质量。

4. 提升专业能力，维护专业形象

（1）网格员在提供专业服务时，应诚实、守信、尽责，积极维护专业形象。

（2）网格员应在自身专业能力和服务范围内提供服务。

（3）网格员应不断内化和践行专业理念，持续充实专业知识和技能，提升专业能力，促进专业功能的发挥和专业地位的提升。

（4）网格员应继承中华民族优良传统，借鉴优秀网格工作发展优秀成果，总结中国网格化模式工作经验，推动中国特色网格化城市管理工作的发展。

5. 勇担社会责任，增进社会福祉

（1）网格员应运用专业视角，发挥专业特长，参与相关政策法规的制定和完善，维护社会公平正义，增进社会福祉。

（2）网格员应正确鼓励、引导社会大众参与社会公共事务，推动社会建设。

（3）网格员应推广专业服务，促进社会资源合理分配，使服务惠及社会大众。

职业模块 ② 通用基础知识

培训课程 1

政治与党建知识

党的二十大报告提出,加强城市社区党建工作,推进以党建引领基层治理。提升基层治理水平,夯实国家治理根基。网格员作为基层社会治理的重要力量,要学习和掌握习近平新时代中国特色社会主义思想,树立正确的政治观。同时顺应时代的发展和网格化社会管理服务的需求,掌握相应的职场技能。

一、社会治理的目的与基本关系

1. 习近平新时代中国特色社会主义思想与社会治理现代化

推进社会治理现代化,是完善和发展中国特色社会主义制度、推进国家治理体系和治理能力现代化的重要内容。党的二十大报告强调,加快推进市域社会治理现代化。网格员要从战略高度深刻认识加快推进市域社会治理现代化的重大意义,以强烈的使命感切实把这一重要任务落实好,力争在社会治理重点领域和关键环节取得突破性进展,使社会治理体系基本健全、社会治理能力明显提升、社会风险有效化解、社会生态得到优化,确保平安中国建设不断取得重大进展,切实增强人民群众的获得感、幸福感、安全感。

(1)社会治理理念现代化。党的十八大以来,以习近平同志为核心的党中央关于社会治理理念的创新主要体现在以下方面:坚持以党的领导为根本保证,把党的领导和我国社会主义制度优势转化为社会治理效能;坚持以人民为中心,着力解决人民群众关心的公共安全、权益保障、公平正义等问题,不断增强人民群众的获得感、幸福感、安全感;坚持以稳中求进为工作总基调,立足"稳"这个大局,在稳的前提下在关键领域有所进取,在把握好度的前提下奋发有为;坚持以总体国家安全观为统领,把维护国家政治安全放在首位,确保党的执政安全和我国社会主义制度安全；坚持以共建共治共享为格局，完善党委领导、政府负责、社会协同、公众参与、法治保障的社会治理体制；坚持以社会公平正义为价值追求，强化严格执法、公正司法，努力让人民群众在每一个司法案件中都感受到公平正义；坚持以活力有序为目标导向，确保社会既充满生机活力又保持安定有序；坚持以自治、法治、德治相结合为基本方式，提高社会治理社会化、法治化、智能化、专业化水平；坚持以防范化解风险为着力点，健全风险防控机制，增强社会治理预见性、精准性、高效性；坚持以网上网下为同心圆，提高网络综合治理能力，形成多主体参与、多种手段相结合的综合治理格局；坚持以体制改革和科技创新为动力，加快推进政法领域全面深化改革，促进社会治理科学化、精细化、智能化；坚持以基层基础建设为重心，坚持和发展好新时代"枫桥经验"[20世纪60年代初，浙江省诸暨县（现诸暨市）枫桥镇干部群众创造的"发动和依靠群众，坚持矛盾不上交，就地解决，实现少捕人、治安好"的"枫桥经验"]，推动社会治理重心向基层下移。

（2）社会治理工作布局现代化。当前和今后一个时期，加快推进社会治理现代化的总体工作布局是：坚持以习近平新时代中国特色社会主义思想为指导，坚定不移地走中国特色社会主义社会治理之路，以坚持和发展"枫桥经验"为基点，以加快市域社会治理现代化为切入点，以解决影响国家安全、社会安定、人民安宁的重大风险为着力点，以实现人的现代化为立足点，统筹国内国际两个大局、网下网上两个战场，不断提升社会治理社会化、法治化、智能化、专业化水平，积极探索体现中国特色、时代特征的社会治理新模式，形成共建共治共享的现代社会治理新格局，不断提升平安中国建设水平。

构建现代化社会治理工作布局，应着力抓好以下几个方面：一是把维护国家政治安全作为首位工程。构建党绝对领导的维护国家政治安全工作机制，深化反恐怖反分裂反邪教斗争，铲除影响政治安全的土壤。二是把加强社会治安防控体系建设作为基础性工程。坚持依法严打方针，打、防、管、控、建并举，加快推进立体化、信息化社会治安防控体系建设。深入推进扫黑除恶专项斗争，以开展专项斗争为牵引，着力治乱点、补短板、除隐患。三是把防范化解社会矛盾风险作为控制性工程。坚持防范在先、发现在早、处置在小，有效化解历史遗留累积的存量问题，着力管控新形势下出现的增量问题，坚决遏制变量问题。四是把保障公共安全作为底线性工程。牢固树立安全发展理念，健全长效机制，织密全方位立体化的公共安全网，从最突出的问题防起、从最基础的环节抓起、从最明显的短板补起，推动公共安全治理模式从事后应对向事前防范转型，坚决遏制重特大安全事故。

（3）社会治理体制现代化。创新社会治理体制是推进社会治理现代化的重要保障。要充分发挥党中央集中统一领导、社会主义制度集中力量办大事等政治优势，打造共建共治共享的社会治理格局。

1）横向构建共治同心圆。探索构建党委领导、政府负责、群团助推、社会协同、公众参与的社会共治同心圆，增强推进社会治理现代化的向心力。发挥党委总揽全局、协调各方的领导核心作用，发挥党委政法委在平安中国建设中的牵头抓总、统筹协调、督办落实等作用。深入推进"放管服"改革，增强政府公信力和执行力，加强源头治理、动态管理和应急处置，推进社会治理精细化。发挥群团组织的桥梁纽带作用，引导各类社会组织专业规范运作、依法依规办事。创新完善人民群众参与社会治理的组织形式和制度化渠道。

2）纵向打造善治指挥链。明确从中央到省、市、县、乡各级党委和政府的社会治理职能，努力打造权责明晰、高效联动、上下贯通、运转灵活的社会治理指挥体系。坚持党中央集中统一领导，建立平安中国建设协调机制，构建各负其责、齐抓共管的新格局。打造市域前线指挥部，把市域社会治理现代化作为社会治理现代化的切入点和突破口，积极探索市域社会治理现代化新模式。构筑好基层"桥头堡"，坚持和发展"枫桥经验"，构建富有活力和效率的新型基层社会治理体系，推动社会治理重心下移。

（4）社会治理方式现代化。社会治理的现代化转型，既是思想观念的转变，也是方式方法的深刻变革。应坚持系统治理、依法治理、综合治理、源头治理，充分发挥政治、法治、德治、自治、智治作用，加快推进社会治理方式现代化。

1）发挥政治引领作用。政治建设在社会治理中具有引领性、决定性、根本性作用。要把政治建设贯穿于社会治理全过程和各方面，教育广大党员、干部增强"四个意识"、坚定"四个自信"、坚决做到"两个维护"，引导广大人民群众提高政治觉悟，坚定不移跟党走。

2）发挥法治保障作用。法治是社会治理现代化的重要标志。应加强社会治理领域立法，完善公共法律服务体系，针对生产安全、生态环境、食品药品等领域存在的执法不严等问题拿出治本之策，充分发挥执法司法规范社会行为、引领社会风尚的重要作用。健全涉企错案甄别纠正的常态化机制，推动形成明晰、稳定、可预期的产权保护制度体系。

3）发挥德治教化作用。道德具有深切、持久的引领力量。应以社会主义核心价值观为统领，深入挖掘中华优秀传统文化，大力弘扬革命文化和社会主义先进文化，加强社会诚信体系建设，打造具有中国特色、彰显时代精神的德治体系。

4）发挥自治基础作用。基层群众自治制度是我国宪法规定的一项基本政治制度。应健全以党组织为领导、村（居）委会为主导、人民群众为主体的新型基层社会治理框架，明确基层自治权界，做到民事民议、民事民办、民事民管。

5）发挥智治支撑作用。智能化是社会治理方式现代化的重要手段。应加快推进社会治理智能化建设，打造数据驱动、人机协同、跨界融合的智能化治理新模式，助推社会治理决策科学化、防控一体化、服务便捷化。

（5）社会治理能力现代化。推进社会治理能力现代化是一项系统工程，对提升社会治理能力提出了更高要求。必须着力加强社会治理能力建设，从而充分发挥社会治理体系的效能。

1）提高学习研究能力。深入学习贯彻习近平新时代中国特色社会主义思想，深入研究社会治理现代化的重大理论和实践问题，提出更多创新性理论观点和突破性对策举措。

2）提高决策统筹能力。加强战略谋划、顶层设计，加强系统部署、统筹推进，更加重视各方面任务的整合贯通、各项政策制度的系统集成，使各方面资源形成合力。

3）提高改革创新能力。用改革的思路破解难题，用创新的举措推动落实。尊重和鼓励基层创造，善于把改革举措、实践创新系统集成并上升为顶层设计，推动社会治理质量变革、效率变革、动力变革。

4）提高打击防范能力。运用好社会化、法治化、智能化、专业化力量，加强国家安全人民防线建设，以法治思维和法治方式解决社会治理中的突出问题，提高精准预测预警预防的能力和水平，完善统一指挥、合成作战、专业研判、分类打击的工作格局。

5）提高基础管理能力。建好基础制度，建立完善社会治理基本制度、运行制度、保障制度，提高社会基础管理规范化水平。管好基础要素，摸清底数，精准施策，提高社会基础管理精细化水平。抓好基础环节，提高社会基础管理效能。

6）提高群众工作能力。坚持群众路线，创新群众工作方法，有效组织动员群众参与社会治理，把社会治理现代化的美好蓝图变为群众看得见、摸得着、享受得到的实惠。

7）提高舆论引导能力。坚持正确政治方向、舆论导向、价值取向，加强网络综合治理，善于运用新媒体讲述中国好故事、传播中国好声音，善于运用新媒体引导舆论、动员群众。

8）提高狠抓落实能力。弘扬真抓实干作风，力戒形式主义、官僚主义，进一步规范督查检查考核工作，清理取消不合理、不必要的考评指标，为基层减负、减压。

2. 社会治理现代化与网格化

（1）网格化是社会治理现代化的重要抓手。2021年4月28日，《中共中央国务院关于加强基层治理体系和治理能力现代化建设的意见》（以下简称《意见》）印发。《意见》明确加强基层治理体系和治理能力现代化建设的主要目标为：力争用5年左右时间，建立起党组织统一领导、政府依法履责、各类组织积极协同、群众广泛参与，自治、法治、德治相结合的基层治理体系，健全常态化管理和应急管理动态衔接的基层治理机制，构建网格化管理、精细化服务、信息化支撑、开放共享的基层管理服务平台；党建引领基层治理机制全面完善，基层政权坚强有力，基层群众自治充满活力，基层公共服务精准高效，党的执政基础更加坚实，基层治理体系和治理能力现代化水平明显提高。在此基础上力争再用10年时间，基本实现基层治理体系和治理能力现代化，中国特色基层治理制度优势充分展现。

《意见》将网格化管理作为实现基层治理体系和治理能力现代化建设的重要抓手之一，实现网格化管理、精准化服务与信息化支撑。

（2）网格化是社会治理现代化的创新举措。网格化模式的应用是社会治理现代化的一大创新。

从管理对象的角度来讲，网格化模式对管理对象做到了精细化管理，将管理事项分类编码入网，做到全面覆盖、全面管理。

从管理环节的角度来讲，闭环的工作流程高效运转，实现了信息采集、案件立案、任务派遣、任务处置、处理反馈、核查结案、综合评价七个环节的定量化。

从事件处理的角度来讲，在整个闭环流程中，信息技术的应用与信息资源的共享，实现了对网格内的"人、地、事、物、情、组织"等要素的实时掌握，实现了要素感知、处置、监管的数字化。

3. 从"社会管理"到"社会治理"[①]

（1）加强和创新社会治理的目的。社会管理是人类社会必不可少的管理活动，要形成和保持一定的社会秩序，就必须有一定形式的社会管理。在现代社会中，社会管理的地位日益重要。在我们这样一个有14亿人口、经济社会加快转型的国家，社会管理任务尤其艰巨而繁重。加强和创新社会治理，其根本目的是维护社会秩序、促进社会和谐、保障人民安居乐业、营造稳定安全的发展环境。

（2）我国社会治理的改革创新脉络。改革开放以来，我国顺应社会经济成分、组织形式、就业方式、利益关系和分配方式日益多样化的发展，不断推进社会管理改革创新。从党的十四届三中全会提出加强政府社会管理职能，到党的十六届四中全会提出加强社会建设和管理，到党的十六届六中全会强调创新社会管理体制、整合社会管理资源，再到党的十七大强调健全社会管理格局和基层社会管理体制，中国共产党对社会管理的认识不断深化。在长期探索和实践中，我国建立了社会管理工作领导体系，构建了社会管理组织网络，制定了社会管理基本法律法规，不断推进社会管理同中国国情和社会主义制度相适应。

党的十八大以来，以习近平同志为核心的党中央深入研究社会管理面临的新形势新任务新特点，着力推进社会管理理念创新、实践创新、制度创新，明确提出"社会治理"这一重大命题。从"社会管理"到"社会治理"，虽然是一字之差，却是党的执政理念和政策思路在社会领域的一次全面提升，体现的是系统治理、依法治理、源头治理、综合施策，反映的是党对社会运行规律和治理规律认识的深化。

（3）适应"社会治理"的途径。

1）在行动理念上，要实现从管理到服务的转变，一切社会管理部门都是为群众服务的部门，一切社会管理工作都是为群众谋利益的工作。

2）在行动主体上，要从过去政府一元化管理体制转向政府与各类社会主体的多元化协同治理体制，推动政府治理与社会自我调节、居民自治良性互动。

3）在行动取向上，要从管控规制转向法治保障，顺应全面依法治国要求，以法治精神为引领，以法律手段破解难题，以社会治理法治化推进法治社会建设。

[①] 内容摘自《习近平新时代中国特色社会主义思想基本问题》。

（4）社会治理过程中的基本关系。习近平同志明确指出，"社会治理是一门科学"。这里的关键，是正确处理社会治理过程中的一些基本关系。

1）处理好维稳和维权的关系。维权是维稳的基础，维稳的实质是维权。要把广大人民群众合理合法的利益诉求解决好，使人民群众由衷感到权益受到公平对待、利益得到有效维护，唯有如此才能从源头上实现社会的长期和谐稳定。

2）处理好社会活力和社会秩序的关系。社会发展需要充满活力，但这种活力又必须是有序的。既不能管得太死、一潭死水，也不能放得太开、波涛汹涌，要重视疏导化解、柔性维稳，发动全社会共同做好维护社会稳定工作，在更高层面上实现社会秩序与社会活力的相对均衡。

3）处理好法治、德治、自治之间的关系。法律是成文的道德，道德是内心的法律。在基层自治过程中，要重视道德对公民行为的规范作用，以法律为基准，发挥好乡规民约、市民公约等的规范作用，做到享有权利和履行义务相一致，最终实现三者之间的良性互动，相互促进。

二、党建引领下社区治理的逻辑

党的十九届六中全会明确提出，完善党领导基层群众性自治组织、社会组织等制度，健全党组织领导的自治、法治、德治相结合的城乡基层治理体系。这一重要论述深刻阐明了基层党组织对基层治理的领导作用。社区是基层治理的基本单元，是加强基层党建、巩固党的执政基础的重要领域。党建引领社区治理机制是社区党组织对社区治理的领导作用的制度化实践。

党建引领社区治理是一个充分发掘和利用党的各种优势，充分发挥和展示党员队伍和居民群众的主观能动性，充分借助党的思想建设、组织建设以及区域化党建、基层服务型党组织建设的推力和支撑力的具体而复杂的过程。在这一过程中，党建引领社区治理的逻辑主要体现在两个方面。

1. 以行政权力为依托嵌入行政领域

基层党组织对可能参与到区域公共事务中的各种组织进行整合，在不同级别、不同隶属关系、不同空间的组织之间建立联系、共享资源，并以党委工作直接影响各种组织对区域内公共事务的关注及解决，从而实现基层党组织、基层社会管理和基层公共服务的协作化。

通过党建引领，形成特定组织架构和工作流程的沟通协调机制，弥合了"条块分割"而造成的"碎片化"。这种沟通协调机制通过对架构与流程的再造，将权力下放到直接面对实际问题和提供服务的基层机构,强调政府、市场、社会和民众的价值与能力的组合,尤其是多方的合作与参与,完成政府管理扁平化和职能的下沉,使所提供的公共服务更加精准。

2. 以社会权利为依托嵌入社会领域

党在社区多元治理中起领导核心的作用,既接纳多元共存又导向合作共治。

一方面,党整合各级组织构建区域化党建平台。另一方面,党协调各方关系构建多元共治格局。

区域化党建平台将基层党组织功能从行政性管理向嵌入式服务转变,组织运行机制从垂直领导向协商民主转变,通过平台,统筹区域内各种可能提供公共服务和公共物品的组织、个人,调动一切可能的资源,形成自治共享的良性循环。地方党组织的介入可以有效避免多元治理的失败,通过党对区域内资源的总体规划和调配,可以整合社区层面的社会管理和公共服务资源,使公共服务的"网"铺得更开、密度更大。

三、党建引领下社区治理的功能

1. 强化社区治理政治引领

城市基层党建引领着社区公共领域、社区公共价值的有序发展,发挥着重要的政治引领作用。

(1)强化基层党建的政治领导功能,确保党中央的路线、方针、政策和重大决策部署在贯彻落实过程中不走样、不变形。特别是在意识形态方面,基层党建能够把体现党的主张与反映人民心声有机统一、把服务群众与教育引导群众紧密结合,以社会主义核心价值观有效引领社会思想和价值取向。

(2)基层党建能够对社区单位、经济组织、社会组织进行管理和监督,同时在领导社区党员和居民方面,能够将组织管理、思想引领、政治领导贯穿始终,充分调动社区党员和居民的积极性、主动性、创造性,干群齐心、上下联动,营造社区治理的良好氛围。

2. 加强社区民主法治建设

在城市社区治理中,基层党组织能够深入推进社区群众民主自治,增强群众法治意识。

(1)在民主自治方面。坚持居民为主、政府为辅的治理思路,充分保障居民的民主权益,尊重居民的选举意愿,通过民主自治,提升社区居民的满意度、幸福感。建立社区群众协商制度，定期公开党务政务，广泛听取居民的意见和建议，对群众反映的热点、难点问题予以尽快回复和解决。

（2）在法治建设方面。深入社区开展普法宣传活动，创新教育形式，增强法治意识，使社区居民人人懂法、人人守法，提升广大群众的法律素质和依法办事意识。完善法律援助制度，建立布局合理、方便快捷的基层法律服务体系，提高社区法律服务水平。

3. 提高社区统筹协调能力

随着城市的不断发展和新型城镇化的深入推进，社会经济转型，人口结构不断变化，下岗失业、贫富分化以及人口老龄化问题日益凸显。基层党组织通过便民政务、保障民生、政策宣传等各种渠道，使社区居民的合理诉求得以解决、各种矛盾得以协调。

一方面，社区党组织可以统筹协调社区公共资源，协调社区组织、社区物业、社区群众之间的矛盾，维护社区群众的合法权利，促进社区有序发展；另一方面，基层党建发挥组织优势，开展社区孤寡老人、残疾人、留守儿童、低收入困难家庭等困难群众帮扶救助工作，想居民之所想、急居民之所急，营造和谐温暖的社区生活环境。

4. 保障社区民生服务需求

（1）及时掌握社区居民在养老、教育、医疗等方面的动态需求，制定更加贴合民意的相关政策。

（2）结合社区实情，针对老、弱、小等群体，分类提供医护、卫生、教育、娱乐等各种便捷服务，科学分配社区公共资源，加强健身器材分配、养老设施改造、文化书屋建设等，把各项服务做到实处，以人民满意为最终目标。

（3）充分激发社区党员参与社区服务的积极性，提升党员的服务意识和能力，带动广大群众共同参与社区建设，打造共建共治共享的社会治理格局。

5. 引领社区文化建设方向

文化治理作为一种重要的社区治理方式，实质上是将社会主义先进文化内涵与广泛凝聚人民精神力量有机结合，以完善社会韧性为根本目标，是国家治理体系和治理能力现代化的深厚支撑。基层党组织是接触人民群众的一线组织，代表中国先进文化的前进方向，影响人民群众的思想意识。

（1）继承和发扬仁、义、礼、智、信等中华优秀传统文化，剔除乡规民约中的陈规陋习，化解邻里矛盾，增进社区和谐。

（2）开展"弘扬红色精神、传承优良传统"等主题活动，进一步弘扬社会主义核心价值观，宣传红色故事，追寻红色记忆，学习时代英雄，激发党员群众的爱国热情。

（3）宣传中国先进文化，弘扬正能量，开阔居民眼界，提升辨别思维，增强居民的文化自信，促进社区的综合文化创新。

四、基层党建引领社区治理的实现路径

1. 构建区域化党建新格局，形成多层次、立体化的引领合力

（1）构建区域化党建联合体。在人口流动和组织形态变化中，进一步加强"两新"组织、老旧小区、商务楼宇党组织覆盖工作，构建驻区单位共同参与的区域党建共同体，制定党建工作责任清单，建立党建双向互评制度。例如，某市建立三级党建"智库"服务体系，完善党建联席会议、反馈交流、双向服务等运作机制，促进各级各类党组织资源共享、优势互补。

（2）优化党建网格体系。将党组织延伸到网格内，推动小区物业与网格融合，实行党支部包楼院、党小组包楼栋、党员包楼层的分级管理模式，推进"党建+"融入社区服务、物业管理、社会治安等各项工作，完善社区问题发现、处置、反馈机制和走访群众制度。

例如，A市探索出党群360工作法，创新党建社区治理新路径，具有较强的示范推广性；B市基层党建在社区治理工作中积极发挥"红色精神"引领作用，对社区领导干部、社区在职党员、社区居民党员、社区群众、社区物业针对性地推出了包街走社、包楼联户、报到服务、百姓议事、三方协调等治理机制，以党建为引领形成红色纽带，贯穿于各项机制制度中，为社区居民提供满意的服务。

2. 建立健全社区治理工作领导机构，加大社区治理工作的统筹力度

（1）建立健全城市社区治理工作领导机构。在省、市、县（市、区）、街道四级成立社区治理工作领导小组及工作委员会，负责社区治理的制度设计、清单管理、资源整合、组织协调、统筹推进、督促落实等工作，实现对社区治理统一领导、统一谋划。

（2）优化对街道和社区的考核评价机制。将推进社区治理情况纳入目标督查，制定社区治理评价指标体系，完善社会满意度评价及第三方考评方法。如某市某社区"大党委"发起并组建了由18家重点社会单位组成的党建共同体，

通过把组织建立起来、把资源整合进来、把党员动员起来、让群众参与进来，打造新时代共建共治共享的社会治理格局。社区党建共同体引领社区党员和社会组织围绕一心为民的社区治理目标，形成"社区是我家、建设靠大家"的共识，制定了双向考核、双向评价、双向责任、双向沟通等具体措施，建立了民主协商、第三方监督等运行机制，社区居民、社会组织在享受权利的同时也受到相应的监督和约束。

3. 有序推进街道职能转变，大力推进社区去行政化

（1）明确职责，做强街道。坚持人权、财权、事权相匹配的基本原则，厘清职能部门与街道之间的权责、属地管理与部门履职之间的边界，有序推进街道职能转变，强化公共服务和社会治理功能；县（市、区）政府要依据法律法规，取消和下放行政审批事项，并解决下放后的权力运行、权责匹配和权力监管问题。

（2）减负增效，做优社区。明确界定街道办事处和社区居委会职责，大力推进基层减负，进一步健全社区工作准入制度，对社区须依法履职和协助的事项实行"清单化"管理，建立街道和社区履职履约双向评价机制，加强对社区的政策支持、财力物力保障和能力建设指导，增强社区统筹使用人财物等资源的自主权。

4. 完善社区共治机制，健全党建引领社区治理体系

（1）完善民主协商制度，激活群众自治活力。依法依规建立楼院自治组织、遴选楼院长，探索楼院共治模式，延伸社区治理空间，进一步完善"一征三议两公开"工作法，制定社区居民公约，探索熟人社区营造机制，注重将居民遵守居民公约情况与社会信用、文明积分等评价体系相结合。

（2）完善政府购买公共服务制度，加大对社会组织的培育和监督力度。深化"三社联动"运行机制，建立社会组织服务平台，立足社区服务需求，重点扶持养老服务类、文化教育类、公益慈善类社会组织发展壮大；加大政府购买力度，建立购买服务项目综合评价机制，坚持培育发展与监督管理并重。

（3）完善社区、物业企业、业委会"三方联动"机制，形成社区利益共同纽带。实行小区（楼院）物业项目负责人报到制度，推荐党员担任业委会主任，在业委会组建时同步建立党组织，形成社区合作治理新格局。如某市某社区积极探索"总支+党员+X社工+N社会组织"的党建模式，由社区书记任负责人，招聘持有社工证的社工人员，结合社区居民合理诉求，成立了枢纽型社区社会组织——社区家园互助中心，在场地、资金、政策上给予一定的支持，将社区社会组织服务辖区居民的功能与党的立党为公、执政为民的宗旨进行有机统一。

5. 依托"互联网+"，加强社区智慧党建

（1）树立基层党建工作新理念，不断拓展基层党建工作的内涵和外延。借助微信、钉钉、抖音等社交软件，畅通基层党组织和社区居民的沟通渠道，全力打通服务群众的"最后一公里"。同时，利用大数据、5G网络等现代科技，推动基层党组织建设和社区信息化建设，促进基层党建和现代科技的有机融合，始终保持基层党组织的领导核心作用。

（2）构建基层党建工作新平台。打造"互联网+党建"信息化平台，登记社区党员信息，实施线上线下同时管理，提高党建工作实效；借助"智慧党建"信息平台，创新党员活动模式，建立"云支部"，规范支部组织生活，灵活开展"三会一课"，提高党员参与组织活动的积极性、主动性；对不同行业的社区党员进行分类管理，组织"一对一""多对一""多对多"等线上线下志愿服务活动，为社区居民提供法律、教育、医疗等方面的专业服务，既打造社区党员活动新阵地，又拉近基层党组织和社区群众的距离。

（3）建立基层党建工作新机制。以建设智慧社区为抓手，探索建立网上党建联席会、党群议事会，对社区公共事务进行网上和线下公示，引导、鼓励居民参与公共事务管理，促进公共事务公开透明，提高社区管理服务水平，改善社区服务环境，提高社区工作效率。

6. 健全社区应急预案体系，提高风险治理和应急管理水平

充分发挥基层党建在社区治理中的政治引领、组织引领、队伍引领和机制引领作用，将基层党建网格和社会治理网格进一步融合，建立社区党委、网格党支部、小区党小组三级架构，推行网格化治理。

（1）重视社区应急思想观念转变。将风险治理和应急管理工作纳入街道和社区常态化工作框架，强化社区灾害隐患调查、应急知识宣传，加强对基层领导干部应急管理专业知识培训和居民自救互救能力培训，促进社区防灾减灾思想观念由"被动防守"向"主动作为"转变。

（2）做好社区应急准备工作。由应急管理部门牵头出台社区应急预案制定指导意见和实施细则，加强对社区应急预案编制、管理、演练的业务指导，增加社区应急演练的覆盖面、频度；加大防灾减灾经费投入，做好社区应急物资和装备的储备。

（3）打造群防群治的社会治理共同体。健全居民宣传、动员和组织机制，打造群防群治的社会治理共同体。例如，某市基层党建实行上下联动，结合社区实际情况，制定"1+4+N"的"街道吹哨、部门报到"机制。在遇到突发公共事件、自然灾害时，省、市、县（区）三级部门机关事业单位按照应急方案，在第一时间快速下沉到结对社区开展工作，提升基层党组织统筹调度、协调各方的能力，着力打通为人民服务的"最后一公里"。

培训课程 2

智能移动终端应用知识

一、智能移动终端的概念及特征

1. 智能移动终端的概念

智能移动终端是指安装具有开放式操作系统，使用宽带无线移动通信技术实现互联网接入，通过下载、安装应用软件和数字内容为用户提供服务的终端产品。

2. 智能移动终端的特征

（1）具备高速接入网络的能力。

（2）具备开放、可扩展的操作系统平台。

（3）具备较强的处理能力。

（4）具备丰富的人机交互方式（触控、语音识别等方式得到凸显）。

二、智能移动终端的分类

1. 智能手机

智能手机是指具有独立的操作系统，独立的运行空间，可以由用户自行安装软件、游戏等第三方服务商提供的程序，通过此类程序不断扩充手机的功能，并可以通过移动通信网络来实现无线网络接入的手机类型的总称。

2. 笔记本电脑

笔记本电脑，简称笔记本，又称便携式电脑、手提电脑、掌上电脑。其特点是机身小巧，比台式机携带方便，是一种小型、便于携带的个人电脑。

3. PDA 智能终端

PDA（Personal Digital Assistant）的字面意思是"个人数字助理"，这种手持设备在早期应用中主要集中了计算、电话、传真和网络等功能。可用来管理个人信息（如通讯录、计划等）、上网浏览、收发电子邮件、发送传真，还可以当作手机使用。

手持 PDA 作为便于携带的数据处理终端，主要有以下通用特性：

（1）具有数据存储及计算能力。

（2）可进行二次开发。

（3）能与其他设备进行数据通信。

（4）有人机界面，即具有显示和输入功能。

（5）可拆卸电池进行供电。

4．平板电脑

平板电脑是一种小型、方便携带的个人电脑，以触摸屏作为基本的输入设备，它拥有的触摸屏（也称为数位板技术）允许用户通过触控笔和数字笔来进行作业而不是通过传统的键盘和鼠标进行操作。

三、智能移动终端在城市管理中的应用

网格员在日常工作中，通过智能移动终端设备（见图 2-1）进行网格化工作。例如，网格员主动巡查发现案件的流程，当网格员在巡查过程中发现了一

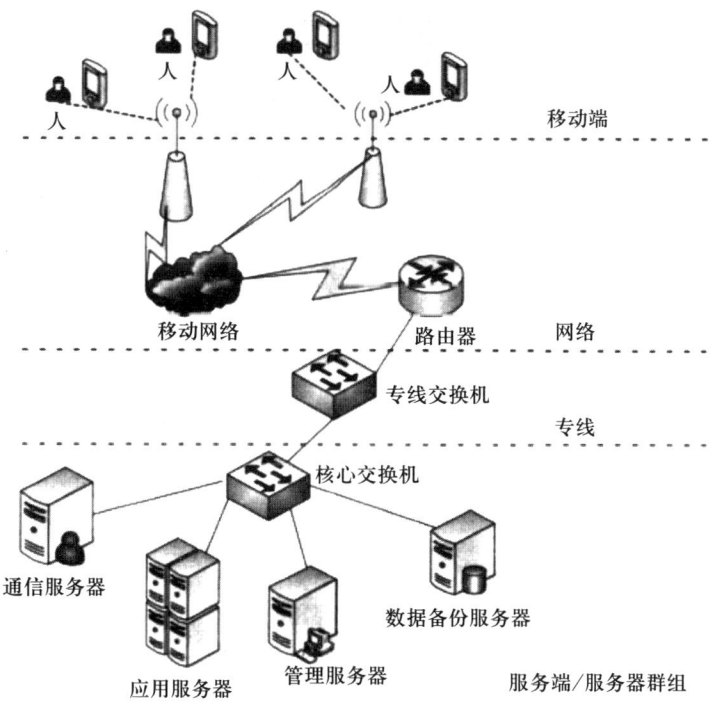

图 2-1　智能移动终端设备

个新的案件时，应用智能移动终端上的数字化移动城市管理系统会将此案件的详细信息记录下来，通过无线网络传送给市指挥中心，案件将在市指挥中心被再次分派，交给相关区域指挥中心进行处理。

网格员在发现新案件时，需使用智能移动终端的提交案件模块输入案件信息。提交案件模块的业务流程如图 2-2 所示，在案件输入模块界面，选择提交案件功能，输入案件的相关信息，包括案件标题、日期、案件详情等，查找并选择需要的图片，确认所填案件正确后，便可以与服务端进行连接，将案件信息上传。

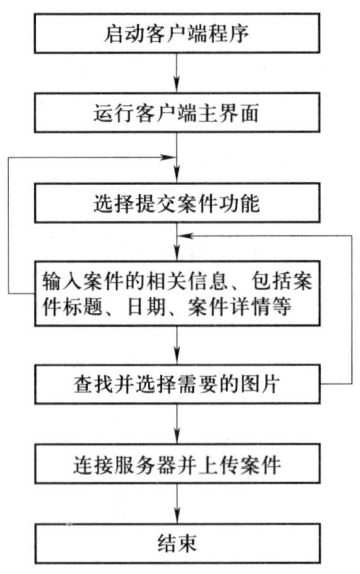

图 2-2 提交案件模块的业务流程图

培训课程 3

计算机及常用办公软件应用知识

一、计算机设备的相关知识

计算机是由硬件系统和软件系统两部分组成的。计算机的硬件系统主要由中央处理器（CPU）、存储设备、输入设备和输出设备等组成，各部分之间采用总线结构实现连接。软件系统则包括系统软件和应用软件。

1. 硬件系统

（1）中央处理器（CPU）。CPU主要由运算器和控制器组成。运算器是计算机对数据进行加工处理的中心，它主要由算术逻辑单元（ALU）、寄存器组和状态寄存器等组成。

控制器是计算机的控制中心，对计算机各个部件的操作进行控制。它决定了计算机运行过程的自动化，不仅要保证程序的正确执行，而且要能够处理异常事件。控制器一般包括指令控制逻辑、时序控制逻辑、总线控制逻辑、中断控制逻辑等几个部分。

CPU控制计算机的运行过程，完成绝大部分的运算操作。一台计算机功能的强弱、运算能力的大小主要由CPU决定，所以一般用CPU的型号区分不同种类的计算机。

（2）存储设备。存储设备是计算机的记忆部件，用来存放数据、程序和计算结果。存储器分内存储器和外存储器两类。

内存储器简称内存，又称为主存储器。内存容量小、存取速度快，它是计算机运算过程中使用的主要存储器,作为计算机主机的一个部分。内存包括只读存储器(ROM)和随机存储器(RAM)两部分。ROM 中存放着计算机运行必要的程序,关机后不会丢失。RAM 提供系统程序和用户程序的运行空间,关机后内容消失。

外存储器简称外存,也称为辅助存储器。外存容量大、价格低、存取速度慢,用于存放暂时不用的程序和数据,作为主存储器的后援存储器。常用的有软盘、硬盘、U 盘、移动硬盘和光盘等。

(3)输入设备。输入设备是向计算机输入数据和指令的设备,是用户和计算机系统之间进行信息交换的主要装置,键盘、鼠标、摄像头、扫描仪、光笔、手写输入板、游戏杆、语音输入装置等都属于输入设备。

现在的计算机能够接收的数据,既可以是数值型的数据,也可以是各种非数值型的数据。例如,图形、图像、声音等都可以通过不同类型的输入设备输入计算机中,进行存储、处理和输出。计算机的输入设备按功能可分为下列 5 类:

1)字符输入设备:键盘。

2)光学阅读设备:光学标记阅读机、光学字符阅读机。

3)图形输入设备:鼠标、操纵杆、光笔。

4)图像输入设备:摄像机、扫描仪、传真机。

5)模拟输入设备:麦克风。

(4)输出设备。输出设备是人与计算机交互的一种部件,用于数据的输出。它把各种计算结果数据或信息以数字、字符、图像或声音的形式表示出来。常见输出设备有以下 3 种:

1)显示输出设备:显示器、影像输出系统、投影仪。

2)打印输出设备:打印机、绘图仪。

3)语音输出设备:耳机、功放与音箱。

2. 软件系统

(1)系统软件。计算机系统软件包括操作系统、语言处理程序等。

1)操作系统。操作系统是系统软件的核心,是最基本的系统软件,其他所有软件都是建立在操作系统的基础上。其功能是管理计算机系统的全部硬件资源、软件资源及数据资源。常见的操作系统有 Windows、Unix、Linux、MacOS 等。

2）语言处理程序。语言处理程序一般由汇编程序、编译程序、解释程序和相应的操作程序等组成。

①汇编程序的输入是用汇编语言书写的源程序，输出是用机器语言表示的目标程序。机器语言是用二进制代码表示的计算机能直接识别和执行的一种机器指令的集合，由它编写的计算机程序不需要翻译就可以直接被计算机系统识别并运行。

②编译程序是把用高级语言编写的面向过程的源程序翻译成目标程序的语言处理程序。高级语言是指与自然语言相近并为计算机所接受和执行的计算机语言，它是面向用户的语言（机器语言和汇编语言都面向硬件）。目前被广泛使用的高级语言有 Python、Java、C、C++、JavaScript、C#、R、Go、HTML、Swift 等。

③解释程序是高级语言翻译程序的一种，它将源语言书写的源程序作为输入，解释一句后就提交计算机执行一句，并不形成目标程序。

（2）应用软件。应用软件是指计算机用户根据各自的业务需要而开发和使用的各种程序。常用的应用软件主要有办公软件，如 Office 软件包；图形图像处理软件，如 Photoshop；多媒体创作工具，如 Authorware；辅助设计软件，如 AutoCAD、3DMax；用户应用程序，如 IE 浏览器、PDF 文件阅读器等。

二、Word 基本操作

1. 基础操作

（1）创建文档。当用户启动 Word 软件时，系统会默认打开新文档。除了系统自带的新文档，用户还可以利用"文件"选择"新建"来创建空白文档或模板文档。

（2）输入文本。在 Word 中的光标处，可以直接输入中英文、数字、符号、日期等文本。按 Enter 键可以直接进行下一行的输入，按空格键可以空出一个或几个字符后再继续输入。

（3）输入特殊符号。在 Word 中，除了输入文字与普通符号，用户还可以输入 Word 自带的特殊符号。执行"插入"–"符号"命令，在下拉列表中选择"更多"选项，弹出"符号"对话框。

（4）保存文档。主要通过执行"文件"–"保存"或"文件"–"另存为"

命令，保存新建文档、保存已存过的文档及保护文档。保存文件的快捷键是"Ctrl+S"。

2. 编辑文档

（1）设置字体。在文档中选择需要设置字体格式的文本，用户可通过"字体"选项组或右击鼠标，通过"微型工具栏"来设置文本的字体格式。

（2）设置字号。用户可通过"字体"选项组中的"字号"来设置文字的大小。

（3）设置对齐方式。Word 为用户提供了左对齐、右对齐、居中、两端对齐与分散对齐 5 种对齐方式。可在文档上方任务栏中进行选择。

（4）设置段落缩进、段间距与行间距。段落缩进是在相对于左右页边距的情况下，将段落向内缩进。段间距是指段与段之间的距离，行间距是指行与行之间的距离。段落的缩进、段间距与行间距可通过"段落"对话框中的"缩进和间距"进行设置。

（5）常用快捷键。剪切的快捷键是"Ctrl+X"，复制的快捷键是"Ctrl+C"，撤销的快捷键是"Ctrl+Z"。

三、Excel 基本操作

1. 单元格的合并

（1）单元格的合并。同时选中需要合并的单元格（如 A1：G1），然后单击"格式"工具栏上的"合并及居中"按钮即可。

（2）撤销单元格的合并。选中合并后的单元格，然后再单击"格式"工具栏上的"合并及居中"按钮即可。

注意：如果是 Excel 2000 及以前的版本，撤销单元格的合并需要这样操作：选中合并后的单元格，执行"格式"-"单元格"命令，打开"设置单元格格式"对话框，切换到"对齐"标签下，在"文本控制"选项下面，清除"合并单元格"前面复选框中的"√"号，再确定返回即可。

2. 字符格式设置

（1）设置字体。选中需要设置字体的单元格（区域），鼠标单击"格式"工具栏上的"字体"框右侧的下拉按钮，在随后弹出的下拉列表中，选择需要的字体即可。

（2）设置字号。选中需要设置字号的单元格（区域），鼠标单击"格式"工具栏上的"字号"框右侧的下拉按钮,在随后弹出的下拉列表中,选择需要的字号即可。

(3)设置字符颜色。选中需要设置字符颜色的单元格(区域),鼠标单击"格式"工具栏上的"字体颜色"框右侧的下拉按钮,在随后弹出的下拉列表中,选择需要的颜色即可。

注意:以上设置都可以通过执行"格式"-"单元格"命令,打开"设置单元格格式"对话框,切换到"字体"标签下进行设置。

(4)设置填充颜色。选中需要设置填充颜色的单元格(区域),鼠标单击"格式"工具栏上的"填充颜色"框右侧的下拉按钮,在随后弹出的下拉列表中,选择需要的颜色即可。

注意:以上设置都可以通过执行"格式"-"单元格"命令,打开"设置单元格格式"对话框,切换到"图案"标签下进行设置,并能设置更为复杂的填充效果。

3. 行高列宽设置

常用的有3种方法:拖拉法、双击法、设置法。

(1)拖拉法。将鼠标移到行(列)标题的交界处,成双向拖拉箭头状时,按住左键向右(下)或向左(上)拖拉,即可调整行高(列宽)。

(2)双击法。将鼠标移到行(列)标题的交界处,双击鼠标左键,即可快速将行(列)的行高(列宽)调整为"最合适的行高(列宽)"。

(3)设置法。选中需要设置行高(列宽)的行(列),执行"格式行(列)行高(列宽)"命令,打开"行高(列宽)"对话框,输入一个合适的数值,确定返回即可。

4. 设置数据格式

利用"格式"工具栏上的快捷按钮,可以快速为 Excel 数据表格设置数值的特殊格式。

(1)设置货币格式:选中相应的数值区域,单击"格式"工具栏上的"货币样式"按钮,即可为数值添加上货币符号(默认情况下是人民币符号)。

注意:在按住 Ctrl 键的同时,用鼠标单击或拖拉,可以同时选中不连续的单元格(区域)。

(2)设置百分比格式:选中相应的数值区域,单击"格式"工具栏上的"百分比样式"按钮,即可将普通数值转换为百分数形式。

（3）增加和减少小数位数：选中相应的数值区域，多次单击"格式"工具栏上的"增加小数位数"（或"减少小数位数"）按钮，即可快速增加（或减少）小数的位数。

注意：如果要清除数值所设定的格式，可以这样操作：选中需要清除格式的单元格区域，执行"编辑"－"清除"－"格式"命令即可。

5. 分区域锁定的方法和技巧

当多人编辑同一个工作簿文档时，为了防止修改由他人负责填写的数据，可以对工作表进行分区域加密。

（1）启动 Excel，打开相应的工作簿文档，执行"工具"－"保护"－"允许用户编辑区域"命令，打开"允许用户编辑区域"对话框。

（2）单击其中的"新建"按钮，打开"新区域"对话框，在"标题"下面的方框中输入一个标题（如"报建"），然后单击"引用单元格"右侧的红色按钮，让对话框转换为浮动条，用鼠标选中相应的区域，再单击浮动条右侧的红色按钮返回对话框，设置好密码，按"确定"按钮，再确认输入一次密码，确定返回。

（3）重复上述操作，为其他区域设置密码。

（4）设置完成后，单击"保护工作表"按钮，加密保护工作表即可。

经过这样设置后，要编辑相应的区域，必须输入正确的密码，否则就不能进入编辑。

四、PowerPoint 基本操作

1. 新建或打开演示文稿

在菜单"文件"中选择"新建"或"打开"，开启一个演示文稿，开始制作。

2. 插入新幻灯片

在任务栏中选择"插入"工具栏中的"新建幻灯片"功能，实现在演示文稿中插入新幻灯片。

3. 编辑幻灯片

使用时，在左边的"幻灯片略图"区中选择幻灯片，在中间的"幻灯片编辑"区制作幻灯片，包括向幻灯片中写上文字，插入图形、动画和声音，完成这些操作要借助菜单中的某些功能。

4. 超级链接

在菜单中选择插入"超级链接"功能，实现幻灯片的树状分支结构。

5. 修饰幻灯片

在菜单中选择适当的功能可以实现设置幻灯片的版式、设置幻灯片的背景、设置幻灯片内对象的动画、设置幻灯片间的转换效果、设置演示文稿的模版等功能。这一步应该是学习 PowerPoint 的难点。

6. 播放幻灯片

在左下角的"幻灯片放映"区选择合适的方式播放幻灯片。

7. 保存文件以及发布

制作完成后，在菜单的"文件"中选择合适的功能实现演示文稿的保存和发布。

培训课程 4 常用公文写作知识

一、公文的概述

1. 公文

公文是公务文书的简称，是指在公务活动中，按照特定的体例格式、经过一定的处理程序形成和使用的文字材料。

广义的公文包括法定公文（通用公文）、专用公文和事务文书。其适用范围和具体分类见表 2-1。狭义的公文是指法定公文和专用公文。

公文的主要特点是法定作者、法定效力和特定体式。公文的语言要求准确、庄重、朴实、精练、严谨、规范。

表 2-1　广义公文的种类、适用范围及具体分类

广义公文的种类	适用范围	具体分类
法定公文（通用公文）	在党政机关、团体、企事业单位中普遍通行适用的文书	《党政机关公文处理工作条例》中规定的15种公文，如决议、决定、命令等
专用公文	局限在一定的工作部门和特定的业务范围内，根据特殊需要而使用的公文	外交公文、军事公文、司法公文、财经公文、科技公文等
事务文书	机关、团体、企事业单位处理日常事务所使用的非正式文书，此类文书不属于法定文件所规定的正式公文，所以不能单独行文，也不具有法定效力，仅在制发机关内部具有一定效力	计划、总结、简报、报表、记录、调查等

2. 公文的类别

公文可以从不同的角度进行分类。

（1）按适用范围分类。《党政机关公文处理工作条例》第八条将公文分为十五种：决议、决定、命令（令）、公报、公告、通告、意见、通知、通报、报告、请示、批复、议案、函、纪要。

（2）按公文来源分类。按来源区分，公文可分为收文和发文两种。收文是指本单位收到上级、下级及不相隶属机关单位所制发的文件；发文是指本单位拟制并向外发送的文件。

（3）按行文方向分类。按行文方向区分，公文可分为下行文、平行文、上行文三种。其具体含义及举例见表2-2。

表2-2 按行文方向分类的公文含义及举例

类别	含义	举例
下行文	上级机关向所属下级机关发送的公文	命令（令）、决定、通知、公告、通报、批复等
平行文	同级机关或不相隶属机关之间往来的公文	函
上行文	下级机关向所属上级机关呈送的公文	报告、请示

（4）按性质作用分类。按性质作用区分，公文可分为法规性公文、指挥性公文、报请性公文、公布性公文、通联性公文和记录性公文六种。其含义及举例见表2-3。

表2-3 按性质作用分类的公文含义及举例

类别	含义	举例
法规性公文	国家权力机关、行政机关根据法定权限制发的、对人们或组织的行为规范和准则作出规定的公文，包括条例、规定、办法、细则等，带有明显的强制性和约束力	命令（令）、公告等
指挥性公文	上级机关根据法定的职能权限，对下级机关宣布决策，部署工作，实施指挥、协调和管理的公文	决定、通知、意见、批复等
报请性公文	汇报工作、反映情况、提出建议、请示问题、请求审议的公文	报告、请示、议案
公布性公文	通过报纸、广播、电视等新闻媒体或公开张贴等形式传递公共信息、告知事项与要求的公文	通告、通报等
通联性公文	机关或单位之间相互联系商洽工作、询问和答复问题的公文	函
记录性公文	记载会议情况、归纳会议议定事项的公文	纪要

（5）按保密程度分类。保密公文是指涉及党和国家机密内容，需要控制知密范围、知密对象的公文。按涉及机密的程度区分，保密公文分为绝密公文、机密公文、秘密公文三种。其涉及机密程度见表2-4。

表2-4 按保密程度分类的公文及其涉及机密程度

类别	涉及机密程度
绝密公文	内容涉及最重要的国家机密，一旦泄露会使国家的安全和利益遭受特别严重损害的公文
机密公文	内容涉及重要的国家秘密，一旦泄露会使国家的安全和利益遭受严重损害的公文
秘密公文	内容涉及一般的国家秘密，一旦泄露会使国家的安全和利益遭受一定损害的公文

（6）按办文时限要求分类。按办文时限要求区分，公文可分为特急件、加急件和平件三种。特急件是指需急速传递、随到随办的文件。加急件是指需迅速传递办理的文件。特急件和加急件合称为紧急文件。平件是指不需要紧急办理的文件。

（7）按形成和使用过程分类。公文按其形成和使用过程可以分为不同的文稿和文本，其中文稿分为草稿和定稿，文本分为正本、试行本、暂行本、修订本和副本。其含义及法定效用见表2-5。

表2-5 按形成和使用过程分类的公文含义及法定效用

稿本类型	含义	法定效用
草稿	公文形成过程中原始的非正式文稿	不具备公文现行效用
定稿	内容已确定、已履行法定生效程序的最后完成稿	具备正式公文的现行效用
正本	根据定稿制作的供主要受文者使用的正式文本	具备正式公文的现行效用
试行本	规范公文正本的一种特殊形式，用于作者认为公文内容经一段时间和一定范围内的实践检验后可能被修改的情况	在规定的试行期和试行空间范围、机构人员范围内具有正式公文的现行效用
暂行本	规范公文正本的一种特殊形式，用于作者认为因时间紧迫，公文中有关内容有可能存在不够周详等方面欠缺，一段时间后可能将被修订或确认的情况	在暂行期间具有正式公文的现行效用
修订本	规范公文正本的一种特殊形式，对已经发布生效的公文，经实践检验重新予以修正补充后再发布施行的文本	自修订本生效之日起，原文本即行废止
副本	再现公文正本内容及全部或部分外形特征的公文复制本或正本的复件	只要文中有各种法定的生效标记（用印、签署），即具备现行效用

3. 行文规则

（1）行文规则和行文主体。

行文规则是指控制公文行文对象、行文方向和行文方式等方面的制度规定。行文规则规范着各种社会组织之间的行文行为，旨在确保公文有序、有效地运行，顺利实现公文的效用。

行文主体是指依照法律法规成立、能够独立行使职权、具有独立法律行为能力的组织及其负责人，包括各级国家机关、企事业单位、人民团体以及其他各类机构及其负责人。

（2）行文依据。作为处理各种公务活动的一种重要工具，制发公文必须始终服务于公务活动的需要，做到行文精简、高效。制发公文时的行文依据见表2-6。

表2-6 行文依据

行文依据	概述
依据公务需求发文	必须依据各项管理活动的需求进行写作。对信息的需求是公文产生的前提和基础
依据职责权限发文	制发公文必须符合自身的职权、地位和身份，不得超越权限发布公文
依据工作关系发文	工作关系不同，行文关系和行文方向便不同

（3）行文对象。公文的行文对象可分为主送机关和抄送机关。

1）主送机关是指受理并负责办理公文内容的主要机关。选择主送机关应遵循下列规则：

①公文应主送主办机关。一般情况下，上行文只主送一个负责办理的主管机关，如报送上级单位的"请示""意见"等；下行文可以主送一个或者多个下属机关。

②一般不主送单位负责人个人。除上级组织的领导人直接交办并要求直接报送的情况外，一般不应将"请示""报告""意见"等公文主送给单位负责人个人。

③上行公文应避免"多头主送情况"。将"请示""报告"等上行公文同时主送多个上级部门，往往会导致两种结果：一是公文在多个部门间周转而得不到落实；二是各主送机关之间签署意见不一致甚至相抵触，使各主送机关之间产生矛盾和冲突。以上两种情况都会影响公文的办理速度和实际效用。

④党政组织互不主送公文。选择主送机关时，应坚持党政分开行文的原则，避免党政部门之间直接主送公文。

2）抄送机关是指需要了解公文内容或者需要协助办理公文的机关。抄送机关应根据公文发送范围和实际需要来确定，不要随意选择和扩大抄送对象的范围，也并不是每一份公文都必须选择抄送机关。

①需要抄送的情况。《党政机关公文处理工作条例》第十五条、第十六条规定，受双重领导的机关向一个上级机关行文，必要时抄送另一个上级机关；上级机关向受双重领导的下级机关行文，必要时抄送该下级机关的另一个上级机关。

②不得作为抄送机关的情况。请示上报的同时，不得抄送下级机关；公文的抄送机关不应再次将公文转抄、转送其他机关；联合发文时，联合发文的单位不作为抄送机关；已公开发布的公文，各地区、各部门不得层层抄转发文。

（4）行文方式。行文方式是指由工作需要和组织关系所决定的行文方法和行文形式。根据行文对象的范围和实际工作需要，可以把行文方式分为逐级行文、多级行文、越级行文、联合行文等。

1）逐级行文，是指按组织结构层次逐级上传下达公文。为了维护组织系统运行的层级结构，维护组织管理的总体效能，同一系统的上下层级间行文应以逐级行文为主。

2）多级行文，是指将公文同时发送给上几级或下几级机关，甚至直达基层组织与人民群众。这种行文方式可以迅速传递公文信息，减少逐级转发公文的时耗和信息失真的机会，多用于为加快文件传递的上行文或部分不允许作任何变通和发挥的下行文。

3）越级行文，是指越过自己的直接上一级或直接下一级机关直接向其他上级或下级机关行文。这种方式如运用得当的确有路线短捷、传递迅速的效果，但除非具备一定的特殊条件，否则一般不宜采用。

以下情形可采取越级行文：情况特殊紧急，逐级上报下达会延误时机造成重大损失的；经多次请示直接上级，问题长期未得到解决的；上级交办并指定越级上报某些事项的；检举、控告直接上级的；直接上下级之间就某一问题存在异议且无法达成一致意见的；需直接询问、答复、联系个别专门事项的；反映或处理不涉及直接上下层级职权范围的个别偶发事件或问题的。

4）联合行文，是指处于同等地位的两个或两个以上机关共同发布公文。为了坚持党政分开行文的原则,应尽量减少党政组织联合行文。

联合行文必须满足两个条件:一是联合行文的组织应是"同级"组织,是行政层级相同或相当的平级机构或者不相隶属的机构。二是联合行文应遵循协商一致的原则。联合行文前,应当明确主办部门,各部门就有关行文内容协商一致后,方可行文。

二、公文格式

《党政机关公文格式》(GB/T 9704—2012)将版心内的公文格式各要素划分为版头、主体、版记三部分。其中,公文首页红色分隔线以上的部分称为版头;公文首页红色分隔线(不含)以下、公文末页首条分隔线(不含)以上的部分称为主体;公文末页首条分隔线以下、末条分隔线以上的部分称为版记。

1. 版头

版头一般由份号、密级和保密期限、紧急程度、发文机关标志、发文字号、签发人和版头中的分隔线组成。

(1)如需标注份号,一般用6位3号阿拉伯数字,顶格编排在版心左上角第一行。

(2)如需标注密级和保密期限,一般用3号黑体字,顶格编排在版心左上角第二行;保密期限中的数字用阿拉伯数字标注。

(3)如需标注紧急程度,一般用3号黑体字,顶格编排在版心左上角;如需同时标注份号、密级和保密期限、紧急程度,要按照份号、密级和保密期限、紧急程度的顺序自上而下分行排列。

(4)发文机关标志。由发文机关全称或者规范化简称加"文件"二字组成,也可以使用发文机关全称或者规范化简称。发文机关标志居中排布,上边缘至版心上边缘为35毫米,推荐使用小标宋体字,颜色为红色,以醒目、美观、庄重为原则。

联合行文时,如需同时标注联署发文机关名称,一般应当将主办机关名称排列在前;如有"文件"二字,应当置于发文机关名称右侧,以联署发文机关名称为准上下居中排布。

(5)发文字号。编排在发文机关标志下空二行位置,居中排布。年份、发文顺序号用阿拉伯数字标注;年份应标全称,用六角括号"〔〕"括入;发文顺序号不加"第"字,不编虚位(即1不编为01),在阿拉伯数字后加"号"字。

上行文的发文字号居左空一字编排，与最后一个签发人姓名处在同一行。

（6）签发人。由"签发人"三字加全角冒号和签发人姓名组成，居右空一字，编排在发文机关标志下空两行位置。"签发人"三字用3号仿宋体字，签发人姓名用3号楷体字。如有多个签发人，签发人姓名按照发文机关的排列顺序从左到右、自上而下依次均匀编排，一般每行排两个姓名，回行时与上一行第一个签发人姓名对齐。

（7）版头中的分隔线，即发文字号之下4毫米处居中印一条与版心等宽的红色分隔线。

2. 主体

主体一般由标题、主送机关、正文、附件说明、发文机关署名、成文日期、印章、附注和附件组成。

（1）标题。标题一般用2号小标宋体字，编排于红色分隔线下空两行位置，分一行或多行居中排布；回行时，要做到词意完整，排列对称，长短适宜，间距恰当，标题排列应当使用梯形或菱形。

（2）主送机关。主送机关编排于标题下空一行位置，居左顶格，回行时仍顶格，最后一个机关名称后标全角冒号。如主送机关名称过多导致公文首页不能显示正文时，应当将主送机关名称移至版记。

（3）正文。公文首页必须显示正文。一般用3号仿宋体字，编排于主送机关名称下一行，每个自然段左空两字，回行顶格。文中结构层次序数依次可以用"一、""（一）""1.""（1）"标注；一般第一层用黑体字，第二层用楷体字，第三层和第四层用仿宋体字标注。

（4）附件说明。如有附件，在正文下空一行左空两字编排"附件"二字，后标全角冒号和附件名称。如有多个附件，使用阿拉伯数字标注附件顺序号（如"附件：1.×××"）；附件名称后不加标点符号。附件名称较长需回行时，应当与上一行附件名称的首字对齐。

（5）发文机关署名、成文日期和印章的格式分为以下三种情况：

1）加盖印章的公文。成文日期一般右空四字编排，印章用红色，不得出现空白印章。单一机关行文时，一般在成文日期之上、以成文日期为准居中编排发文机关署名，印章端正、居中下压发文机关署名和成文日期，印章顶端应当上距正文（或附件说明）一行之内。联合行文时，一般将各发文机关署名按照发文机关顺序整齐排列在相应位置，并将印章一一对应、端正、居中下压发文机关署名，最后一个印章居中下压发文机关署名和成文日期，首排印章顶端应当上距正文（或附件说明）一行之内。

2）不加盖印章的公文。单一机关行文时，在正文（或附件说明）下空一行右空两字编排发文机关署名，在发文机关署名下一行编排成文日期，首字比发文机关署名首字右移两字，如成文日期长于发文机关署名，应当使成文日期右空两字编排，并相应增加发文机关署名右空字数。联合行文时，应当先编排主办机关署名，其余发文机关署名依次向下编排。

3）加盖签发人签名章的公文。单一机关制发的公文加盖签发人签名章时，在正文（或附件说明）下空两行右空四字加盖签发人签名章，签名章左空两字标注签发人职务，以签名章为准上下居中排布。在签发人签名章下空一行右空四字编排成文日期。联合行文时，先排主办机关，其余依次向下编排。签名章一般用红色。

（6）附注。应居左空两字加圆括号编排在成文日期下一行。

（7）附件。附件应当另面编排，并在版记之前，与公文正文一起装订。"附件"二字及附件顺序号用 3 号黑体字顶格编排在版心左上角第一行。附件标题居中编排在版心第三行。附件顺序号和附件标题应当与附件说明的表述一致。附件格式要求同正文。

如附件与正文不能一起装订，应当在附件左上角第一行顶格编排公文的发文字号并在其后标注"附件"二字及附件顺序号。

3. 版记

版记一般由版记中的分隔线、抄送机关、印发机关和印发日期组成。

（1）版记中的分隔线与版心等宽，首条分隔线和末条分隔线用粗线（推荐高度为 0.35 毫米），中间的分隔线用细线（推荐高度为 0.25 毫米）。首条分隔线位于版记中第一个要素之上，末条分隔线与公文最后一面的版心下边缘重合。

（2）抄送机关，一般用 4 号仿宋体字，在印发机关和印发日期之上一行、左右各空一字编排。"抄送"二字后加全角冒号和抄送机关名称，回行时与冒号后的首字对齐，最后一个抄送机关名称后标句号。如需把主送机关移至版记，除将"抄送"二字改为"主送"外，编排方法同抄送机关。既有主送机关又有抄送机关时，应当将主送机关置于抄送机关之上一行，之间不加分隔线。

（3）印发机关和印发日期，一般用 4 号仿宋体字，编排在末条分隔线之上，印发机关左空一字，印发日期右空一字，用阿拉伯数字将年、月、日标全，年份应标全称,月、日不编虚位(即1不编为01),后加"印发"二字。版记中如有其他要素,应当将其与印发机关和印发日期用一条细分隔线隔开。

三、公文处理

1. 公文拟制

公文拟制包括公文的起草、审核、签发等程序。

(1)起草。

1)草拟,也称拟稿,即起草公文,是形成文件的首要环节。这是一项政策性、思想性和业务性都很强的工作。与公文处理的其他环节相比,拟稿的工作内容较复杂,所花费的时间、精力相对较多。

2)会签,也称会稿,是持草拟的公文与有关部门会商审稿。所拟的公文,如内容涉及两个或两个以上机关部门的职权范围,主办单位在文稿送审前应主动与有关部门会商审定,共同签发。

(2)审核,也称核稿,即在撰拟的文稿送交领导签发之前,对文稿进行全面检查和修改。《党政机关公文处理工作条例》第二十条规定,"公文文稿签发前,应当由发文机关办公厅(室)进行审核"。审核重点是对文件内容、表述和体例格式等方面做全面审改,是关系文件质量的关键环节。

(3)签发,是指发文机关负责人对文稿审定后批注发文意见,并签署自己名字的过程。签发是制文阶段的最后决定性环节。文稿经机关负责人签发后,稿本的性质就会发生质的改变,由原来的草稿变成了定稿。

2. 公文办理

公文办理包括收文办理、发文办理、涉密公文的传递和整理归档。

(1)收文办理。收文办理的主要程序包括签收、登记、初审、承办、传阅、催办、答复等。

(2)发文办理。发文办理的主要程序包括复核、登记、印制和核发。

(3)涉密公文的传递。涉密公文应当通过机要交通、邮政机要通信、城市机要文件交换站或者收发件机关机要收发人员进行传递,通过密码电报或者符合国家保密规定的计算机信息系统进行传输。

(4)整理归档。需要归档的公文及有关材料,应当根据有关档案法律法规以及机关档案管理规定,及时收集齐全、整理归档。两个以上机关联合办理的公文,原件由主办机关归档,相关机关保存复制件。机关负责人兼任其他机关职务的,在履行所兼职务过程中形成的公文,由其兼职机关归档。

四、常用法定公文

1. 决定

决定适用于对重要事项作出决策和部署、奖惩有关单位及人员、变更或者撤销下级机关不适当的决定事项。

(1)决定的特点。

1)制约性。决定是下行文,一般由领导机关制发,要求下级机关贯彻执行。决定的制约性主要表现在领导性、指挥性和强制性上。比较起来,决定的制约性没有命令那么强硬,但比其他公文要强。因为决定比较集中地体现了上级领导机关对重要事项和重大行动的指挥意志、处置意图和倾向,要求下级机关无条件执行。另外,决定有时是法规的延伸和补充,具有强制性和行政约束力。

2)稳定性。决定的稳定性主要表现在内容上。经党政领导机关作出的决定,要求在相当长时期内贯彻执行。

(2)决定的分类。党政机关常用的决定可分为政策性决定、部署性决定和奖惩性决定三类。

(3)决定的正文结构。决定的正文结构分为决定依据、决定事项和执行要求三部分。具体说明见表2-7。

表2-7 决定的正文结构及具体说明

正文结构	具体说明
决定依据	交代行文的背景、依据、目的和意义,要求依据充分,文字简练。用"为此,特作如下决定"或"现就×××作出如下决定"等语过渡到下文
决定事项	主要针对提出的问题作出决策部署,通常采用分条列项法,以决断有力、准确明了的用语阐述政策界限,提出切实可行的措施和办法
执行要求	以希望或号召作结,作为对决定事项的强调与补充

2. 通知

通知适用于发布、传达要求下级机关执行和有关单位周知或者执行的事项,批转、转发公文。通知使用面宽、用途广泛,是现行公文种类中使用频率最高的一种公文。

通知按其内容和用途,可分为发布性通知、指示性通知、知照性通知和转发性通知四类。其具体特点如下：

（1）发布性通知。用于发布规范性文件、下达计划和印发领导讲话等。发布性通知的正文结构简单、篇幅短，一般只需写明发布对象名称及执行要求即可。

（2）指示性通知。用于向下级机关作指示，部署工作任务。正文的结构包括通知缘由、通知事项和执行要求三部分。

（3）知照性通知。用于一些不需要直接执行或办理的事项。主要起交流情况、传递信息的作用，发送对象较广泛，对下级、平级机关均可发送。

（4）转发性通知。转发性通知又包含转发和批转两类，若是被转发的文件来源于下级机关，作为上级机关应先批准再转发此公文，则这份通知即为批转性通知；若是被转发的文件来源于上级机关或是平级机关，则该份公文为转发性公文。

3. 公告

公告适用于向国内外宣布重要事项或者法定事项。公告具有郑重性、周知性和新闻性的特点。公告分为向国内外宣布重要事项的公告和宣布法定事项的公告。

公告的写法：

（1）公告的标题可以是发文机关名称加文种，也可以只写"公告"二字。公告不列主送、抄送机关，但落款和日期不能省略。

（2）公告正文一般由公告缘由、公告事项和尾语三部分组成。事项内容比较简单的公告，可以直接陈述事项，不必说明依据和理由。公告结尾常用"现予公告""特此公告"等惯用语，也可以不用尾语。公告总体来说结构较为简单，往往采用篇段合一式。

4. 通告

通告适用于在一定范围内公布社会各有关方面应当遵守或者周知的事项。通告主要有法规性、周知性、实务性和行业性的特点。通告可以分为法规性通告和事务性通告。通告的写法如下：

（1）通告的标题通常使用发文机关名称、事由、文种三项要素齐全的标题，根据需要，前两个要素也可以省去其中一项或者两项均省略，只标明文种。

（2）通告的正文由通告缘由、通告事项和结尾构成。缘由部分阐明发布原因、目的和依据，要力求简约。事项部分要做到具体明了，含义准确，通俗易懂，便于群众理解和执行。结尾可以提出希望和要求，也可使用"特此通告"等尾语，还可以不写结语而自然结束，可根据行文具体情况酌定。

5. 通报

通报适用于表彰先进、批评错误、传达重要精神和告知重要情况。通报具有典型性、说理性的特点。按内容，通报可以分为表彰性通报、批评性通报和情况通报；按形式，通报可以分为直述性通报和转述性通报。

通报的正文结构可以分为主要事实、分析评论、决定与要求三个部分。

（1）主要事实。叙述的文字要详略得当，与主题有关的重要事实、情节要明确具体地交代清楚。

（2）分析评论。表彰性通报，需分析可贵精神，指出主要经验；批评性通报，需阐述实质、原因、危害及教训；情况通报，需揭示问题的性质和影响等。

（3）决定与要求。宣布决定事项，提出希望、号召、告诫，或作出工作部署。

6. 报告

报告适用于向上级机关汇报工作、反映情况，回复上级机关的询问。报告具有沟通性、陈述性和单向性的特点。按写作时间，报告可分为定期报告和不定期报告；按内容性质，报告可分为工作报告、情况报告、答复报告和随文报告。

报告的正文结构可以分为报告缘由、情况与问题、今后工作打算、尾语四个部分。

（1）报告缘由。交代背景，引述上级指示精神，说明行文目的和意义，或概括全文主旨。

（2）情况与问题。主要阐述工作的进展情况，方针政策贯彻情况，采取的方法措施，成绩与经验，问题与原因、教训等。总结性报告在汇报工作的同时，应把重点放在总结经验教训上。

（3）今后工作打算。针对存在的问题，提出今后工作的设想和安排。

（4）尾语。多以"特此报告""以上报告，请审阅""以上报告如有不妥，请指正"作结尾。

7. 请示

请示适用于向上级机关请求指示、批准。请示有单一性、期复性和紧迫性的特点。请示可以分为请求上级予以指示、裁决的求示性请示，请求上级予以支持、帮助的求助性请示，以及请求上级批准、允许的求准性请示。

请示的正文结构包括请示缘由、请示事项和尾语三个部分。

（1）请示缘由。交代背景，提出请示的理论依据或事实依据，阐明必要性和可行性。

（2）请示事项。就某一事项或问题提出看法、建议或处理方案。要写得明确具体，所提解决办法要符合政策法规，实事求是，切实可行。

（3）尾语。任何请示都必须在末尾明确提出请求，通常使用"特此请示，请批复""妥否，请批示""可否，请予审核批准"等惯用语。

8. 批复

批复适用于答复下级机关请示事项。批复具有针对性、结论性、及时性的特点。批复的标题通常由发文机关名称、事由和文种三部分组成，其中事由部分比较复杂，有时除概括请示的主要内容外，还标出发文机关的态度，如"同意""不同意"等。批复的主送机关一般只写一个，即报送请示的机关，如需其他单位了解或执行批复意见，可以抄送。

批复的正文结构一般包括批复引语、批复意见和尾语三部分。

（1）批复引语。开头引述来文标题并于其后括注文号，然后用"悉""收悉"表示已收文阅知。引语要清楚明白，不能笼统地称"来文收悉"。

（2）批复意见。内容单一的，可用"经研究，同意……"直接作复；内容较多的，可用"经研究，现批复如下"领起，再分项答复；业务部门受权批复的，应说明"经……批准"。

（3）尾语。一般用"此复""特此批复"等惯用语作结尾，也可以不写尾语，自然结束。

9. 函

函适用于不相隶属机关之间商洽工作、询问和答复问题、请求批准和答复审批事项。函具有多向性、灵活性和有效性的特点。根据行文往来，函可分为发函和复函；根据内容和作用，函可分为商洽函、询问答复函和求批审批函。

（1）函的结构。函的正文结构一般由函请（复）缘由、函请（复）事项和尾语三部分组成。

1）函请（复）缘由。发函的开头简述原因和目的；复函则以引述来函的日期、文号或标题为起首语。

2）函请（复）事项。发函要写告知、询问、商洽或请求的内容，事项要明确具体，语气要委婉恳切；复函则针对来函提出的问题明确作答，切忌模棱两可，答非所问。

3）尾语。发函一般用"盼复""专此函达""即请函复""请研究函复为盼""请予大力协助为荷"等作结尾；复函多用"特此函复"等结语，也可以不写尾语。

（2）撰写函的注意事项。

1）主旨要单一，做到一函一事。

2）直接陈述事项，不绕弯子，不讲空话，也无须客套寒暄。

3）在语言运用方面，要根据受文对象把握好分寸，符合自己的身份；态度要诚恳，尊重对方，不卑不亢；措辞要得体，多用雅语，如"承蒙""烦请""敬希""请予考虑""谨致谢忱""如蒙惠允，不胜感荷"等。

从当前公文实践看，有一些函是用来答复请示的，这主要是指收到请示的上级机关授权办公部门，以复函的形式答复报送请示的机关。例如，国务院授权国务院办公厅函复一些省市或部委的请示，省政府授权省政府办公厅函复一些地市或厅局的请示等。必须强调的是，在函复请示时，务必在引述请示标题及文号之后，写上"经×××同意"或"经×××批示同意"，表明依据，再写函复事项。

10. 意见

意见适用于对重要问题提出见解和处理办法。意见具有指导性、针对性、原则性和多向性的特点。按照用途不同，意见可以分为指导性意见、呈请性意见和评估性意见；按照行文方向不同，意见可分为上行意见、下行意见、平行意见。

意见可以采用完全式标题，也可以采用省略发文机关名称的省略式标题。如果意见内容较多，可以在文种名称前加上"几点""若干"或"指导"等文字。意见可以采用"以上意见，如无不妥，请批转有关部门执行""以上意见，请予考虑"等结语。

职业模块 ③
网格化理论基础知识

培训课程 1 网格与网格化

一、网格概况

1. 网格的概念

（1）中国古代地理领域的"网格"。我国春秋及之前的土地所有权制度是土地归王室所有，普通百姓只有使用权，没有拥有权，井田制是当时的基本土地制度。所谓井田制，就是将土地划分为小块，授予农夫耕作的土地分配占有权的制度。土地划分规则如"井"字，故称为井田制，如图3-1所示。

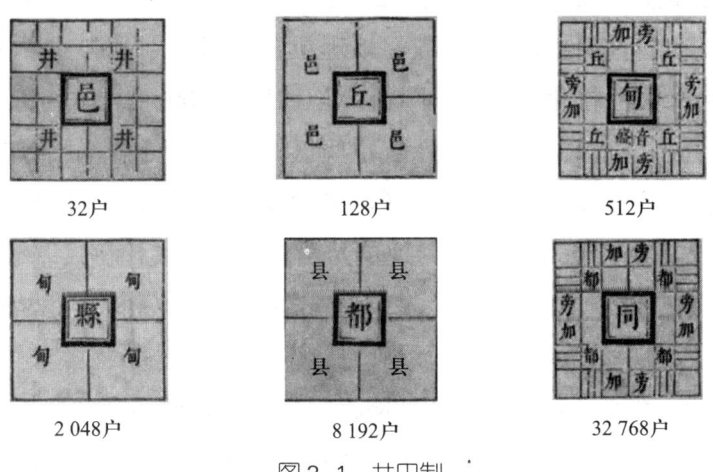

图3-1 井田制

从图3-1中可以看出，"井"的形状是正方形，尺度为长300步，宽300步。井、邑、丘、甸、县是按照四进制的排布，组成了田间农田行政管理制度。把全国土地按统一规则划分，一方块地分成九小块。"邑"比"井"大，一邑等于四井，为32户；四邑是一丘，为128户；四丘是一甸，为512户；四甸是一县,为 2 048 户;四县是一都,为 8 192 户;四都为一同,共 32 768 户,面积再外扩 10 里。

综上所述,井田制是我国历史上地理网格的一种体现,是按户数人为划定的,不同于自然社区。

(2)信息技术领域的"网格"。著名的信息技术专家伊安·福斯特(Ian Foster)曾在《网格:21世纪信息技术基础设施的蓝图》一书中这样描述网格:网格是构筑在因特网上的一组新兴技术,它将高速互联网、高性能计算机、大型数据库、传感器、远程设备等融为一体,为科技人员和普通老百姓提供更多的资源、功能和交互性。

因此,信息技术领域中将网格定义为,网格是一种分布式计算机体系结构,是传统并行计算机从局域网到因特网的扩展。它把分布在不同地理位置上的计算机组成一个虚拟的超级计算机,其中每一台计算机都是一个网格节点。网格主要由六部分组成,即网格节点、数据库、贵重仪器、可视化设备、宽带主干网和网格软件。

综上所述,信息技术领域的"网格"更偏向于"网络"的概念,强调的是"网"而非"格"。

(3)社会治理领域的"网格"。在基层社会治理中,为了实现网格化服务管理,将城市空间按照大小、户数、地理位置等因素划分为大小不等的网格单元。《城乡社区网格化服务管理规范》(GB/T 34300—2017)中,将网格定义为在城乡社区、行政村及其他特定空间区域之内划分的基层综合服务管理单元。《数字化城市管理信息系统》(GB/T 30428—2013)中将单元网格定义为数字化城市管理的基本监督和管理单元。基于城市大比例尺基础地理数据,根据数字化城市管理工作的需要,按照规定的原则划分的、边界清晰的多边形区域。

综上所述,社会治理领域中的"网格"与其他领域的区别在于,它更强调"格"而非"网",是为了实施精准化服务和精细化管理而对城市区域进行细化的结果。

2. 网格与社区的关系

网格与社区、小区既有联系又有区别。

(1)社区。

1)社会学领域的"社区"。中文"社区"一词是由英文 community 意译而来，词义内涵本身是在不断发生变化的。美国社会学家菲利浦斯认为，社区是居住在某一特定区域的、共同实现多元目标的人所构成的群体。在社区中，每个成员可以过着完整的社会生活。日本社会学家横山宁夫提出，社区具有一定的空间地区，它是一种综合性的生活共同体。中国社会学家费孝通在《社会学概论》中明确指出，社区是若干社会群体（家庭、民族）或社会组织（机关、团体）聚集在一地域里，形成一个在生活上互相关联的大集体。

综上所述，社会学领域中的"社区"，强调的是聚居在一定地域中人群的生活共同体。在这个地域内发生各种社会关系和社会活动，有特定的生活方式，并由具有成员归属感的人群所组成的一个相对独立的社会实体。

2）社会治理领域中的"社区"。随着城乡基层社会治理的发展，"社区建设"或"社区营造"纷纷提升到国家政策的层面。社区，绝大部分是由城镇的居民委员会改名而来，少部分是由并入城镇的村委会改名而来。社区是指固定的地理区域范围内的社会成员以居住环境为主体，行使社会功能、创造社会规范物，是与行政村同一等级的行政区域。社区是党和政府传递、落实政策和了解民情的最基层，在行政上接受街道办事处领导，由街道办接受并传达上一级领导机构的任务和指示。

社区没有行政级别，社区工作人员既不属于行政编制也不是事业编制，社区工作人员的主体是社区干部，通常由三年一次的换届选举产生。因此，大部分社区的工作人员流动性非常大。社区的工作人员数量根据管辖居民人数而定，大的社区可能管辖 5 000 户，小的社区则不到 1 500 户，一般社区工作人员在 8~20 人，只设一个社区主任兼党支部书记，不设副职。

（2）小区。小区虽然不具有社区这样的行政地位，但与居民的关系更为密切。小区是城市住宅小区、居民小区的简称，是指以住宅为主，配套有相应公用设施及非住宅房屋的居住区、花园住宅、住宅组团。通常是指在城市一定区域内建筑的、具有相对独立居住环境的大片居民住宅，或城镇中，一条连续的围墙（含建筑物）封闭起来的一个独立完整的居民住宅区。物业管理处、业委会常以小区为单位配置。

社区通常按"街道"或"镇"为单位，一个社区可以由若干个小区构成，少则 2~3 个，多则 20~30 个，有的小区本身就是一个社区；有的小区大于社区，要将这个小区划分为多个社区。

（3）网格。网格既不同于社区，也不同于小区。它是基层社会治理中基于网格化服务管理模式提出的一个新概念。

网格是政府为了精细化管理和精准化服务而人为划分出来的地域空间。因此网格的大小和边界会因户数、地域特征等因素而人为设置。在划分网格时，通常以300~500户为一个网格，有些城市会因其基层社会治理的复杂性，以200户为一个网格。

因此，通常情况下，网格比社区小，而与小区相比则要看小区的大小了。作为社会治理基本单元的网格，必须是一个空间单元，这里强调的是"格"而不是"网"。在基于网格化服务管理模式下的社会治理中，非常强调单元网格的边界，因为划分网格的目的就是便于社会管理与服务，能够确保民生诉求件件有回音、事事有着落。

二、网格化的概念及特征

1. 网格化的概念

网格化是一种方法，是将一定区域划分为若干网格，对网格内的人、地、事、物、情、组织等对象实行精细、精准、个性化的管理和服务。

比尔·盖茨曾在国际上公开盛赞，北京市东城区政府独立开发用于城市管理的"万米网格化管理系统"是城市管理新模式的一项"世界级案例"。事实证明，网格化管理作为一种现代管理模式，有着与其他模式不同的优势。

2. 网格化的特征

（1）边界清晰，责任明确。通过网格划分，基层社会治理可以做到横向到边、纵向到底的治理模式，彻底解决了过去由于边界不清晰所导致的"三不管"地带所带来的各种安全隐患。同时属主、属地原则下的管理办法也解决了因户口、单位等因素造成的服务和管理困难的问题。

一个网格通常配备一名网格员，每名网格员都有自己的责任网格辖区。网格员与服务对象一一对应，这就解决了过去"大家都来管"或者"大家都不管"的局面。随着社会发展的复杂性与流动性增强，传统的行政管理已经无法满足基层社会治理的需求，因此采取网格化管理不仅能够提高城乡基层社会治理的效率，同时也能够维护社会稳定，提升居民的生活满意度与幸福度。

（2）精准管理，细致入微。一名合格的网格员，能够做到对自己所管辖的网格区域"情况明、底数清"。小到一个井盖、一个垃圾桶，大到网格区域共几户人家，每户人家的基本情况等，网格员都要清晰明了。同时借助现代信息技术手段，以最快的速度掌握辖区内的信息，提升管理的精准度。比如北京市东城区网格员通过"城管通"App在除夕夜实时上报烟花爆竹燃放的情况，网格员用图片、视频等形式将发现的问题通过"城管通"上报，发送到城市管理监督中心，经过定位、问题描述后转到城市管理智慧中心，由指挥中心根据具体情况派发给相关职能部门，如公安机关、街道办事处等进行处理。

网格化在对社会治理中的安全隐患、社情民意、矛盾纠纷的精准把控上，也具备相当的优势。

（3）精细服务，效率提升。网格化借助于完整的信息技术手段，可以及时、准确地对网格内服务对象的各项需求开展服务工作，大大提高了服务的效率与质量。比如网格员可以借助网格化服务管理相关App，轻松解决辖区内老年人的一些需求；借助网格治理平台系统的大数据技术，能够主动发现居民的需求或小区的问题，从"接诉即办"向"未诉先办"靠拢。

（4）闭环处理，形成回流。网格化是一个闭环系统，从信息采集、案件立案、任务派遣、任务处置、处理反馈、核查结案到综合评价。这样一个闭环处理机制，可以有效促进居民群众的意见和呼声"事事有回应，件件有着落"这一社会治理目标的达成。

（5）考核评价，公平公正。网格化离不开现代信息技术、数据管理和考核评价。网格员的工作与信息系统紧密联系在一起，可以通过数据统计分析，了解基层网格员工作完成的数量和质量，使考核变得简单科学，也相对公平。

三、网格化管理模式的发展

网格化管理模式是运用现代信息技术手段，以城市管理、社会管理、公共服务、应急管理等方面为管理内容，以处置单位（产权单位）为责任人，通过网格化技术平台，实现业务联动、资源共享的一种治理模式。

1. 网格化城市管理阶段（2004—2010年）

网格化城市管理阶段是网格化模式的1.0阶段。此模式的创始者是北京市东城区。

2004年，北京市东城区针对城市管理工作机构庞大、管理空间划分不合理、管理方式粗放、信息获取滞后、评价方式不科学、工作效率低等问题，在全国首创了"万米单元网格城市管理新模式"。这种城市管理新模式主要由七个方面的内容构成。

（1）科学划分空间，创建"万米单元网格管理法"。具体做法是由研发人员利用网格地图技术和测绘技术，以1万米为基本单位，将东城区全区域划分为1 593个边界清晰、无缝拼接的地域单元，形成"网格单元"的概念，为创建网格化城市管理新模式奠定了空间信息基础。

（2）实施"城市部件管理法"。按照部件管理思想，新模式通过地理编码技术和信息化技术的应用，将城市管理内容具体化、数字化，实现城市部件有序、精确定位和高效管理。

（3）研发出新型的信息采集装置——"城管通"。"城管通"以手机为原型，集成应用多项信息技术，实现了城市管理问题的精确定位和快速处理。

（4）进行城市管理流程再造。在管理体制创新、技术创新以及成熟信息技术综合应用的基础上，对原有的城市管理工作程序进行科学优化和重新设计，建立面向流程的组织、人员和岗位结构，辅以相应的组织文化建设和激励约束机制，从而实现以较低的投入提高城市管理效率的目标。

（5）实施城市管理体制"双轴化"。万米单元网格城市管理新模式针对城市管理存在的突出问题，全面整合政府职能，创新城市管理体制，将管理职能与监督评价职能剥离，组建了城市综合管理委员会和城市管理监督中心，形成了全新的"两轴"管理体制。

（6）建立综合绩效评价体系。为保障新模式的健康运行，东城区设计建立了一套科学完善的监督评价体系，评价对象涉及全区与城市管理工作有关的职能局和街道、地区，以尽可能发挥每个管理岗位、每个工作层面、每个运行系统的功效。

（7）打造多种技术集成的网格化城市管理信息平台。东城区以信息技术和"数字城市"技术为支撑，将网络、遥感技术、地理信息系统和全球定位系统、数据库和安全防范等技术进行综合集成，建成网格化城市管理信息平台，以技术集成创新为新模式提供了可靠和先进的技术支持。

2. 网格化社会管理阶段（2010—2014年）

网格化社会管理阶段是网格化模式的2.0阶段。

2010年，东城区将网格化城市管理拓展至社会服务领域，开始试行网格化社会服务管理新模式。按照社区、属地类型（平房区、楼房区、商住混合区、人员密集区)来分,将区属 17 个街道 205 个社区划分成了 589 个社会管理网格;并且在区、街两级建立联合执法工作机构,形成"一个管理网络、一套运行机制、一个指标系统、一个服务平台、一支综合力量"的社会管理执法格局。至此,网格化城市管理进入社会管理阶段,更关注如何解决群众安全感、幸福感、参与度的问题。

3. 网格化服务管理阶段(2014 年至今)

网格化服务管理阶段是网格化模式的 3.0 阶段。

2014 年,东城区网格化社会服务管理体系与网格化城市管理体系实现了"两网融合",努力打造社会服务、城市管理、社会治安三位一体的城市综合服务管理平台,东城区城市管理监督中心正式更名为"东城区网格化服务管理中心"(简称区网格中心)。2014 年 3 月 19 日,东城区政府审议通过了《东城区城市管理监督综合考核办法》,这是全国网格化管理中较为全面的监督考核办法。

至此,网格化城市管理进入社会服务管理与城市管理结合的阶段,更关注如何让群众生活环境更美好、办事更方便、生活更舒心的问题。网格化从此走出单一领域的模式建设,向着更广阔的服务管理体系建设前进。

4. 网格化社会化服务阶段(未来发展趋势)

网格化社会化服务阶段是网格化模式的 4.0 阶段。

立足新时代,以党建引领网格化治理已经成为中国特色基层社会治理的新模式。基层党组织将紧紧围绕为人民服务这一中心,以科技赋能和自治、法治、德治"三治结合"为落脚点,以"党建引领+网格化管理"构建基层治理新模式,畅通服务群众的"最后一公里",打造基层共建共治共享社会治理新格局。

"党建+网格化"基层治理要坚持以人民为中心,加强基层治理中各网格员的动员培训教育,提高基层干部的凝聚力和战斗力,充分发挥党建引领的"头雁"效应,做到与人民心连心、同呼吸、同命运,把为民办实事落到实处;要以科技赋能,打造现代化、智能化新格局,充分发挥现代化信息资源,整合数据,打造公开透明的信息化平台,让问题有渠道反馈,反馈有回应,以现代信息科技赋能基层治理;要加强自治、法治、德治,加强顶层设计,以党建引领基层自治、法治、德治,并充分调动基层民众参与的积极性,确保每个主体都能规范有序地参与到其中,构建基层治理新格局。

四、网格化服务管理的领域

2022年4月,中央全面深化改革委员会第二十五次会议审议通过的《关于加强数字政府建设的指导意见》(简称《意见》)指出,要以数字改革助力政府职能转变,通过数据融合提升跨阶层、跨地域、跨部门等协作管理的服务水平。

网格化治理模式是数字政府建设的重要依托,政府在依法治理的框架内通过构建综合治理信息平台,主动发现社会治理问题,从而提高服务质量和效率。网格化治理模式作为以互联网、大数据为支撑的治理手段,通过将地理区域按照一定的比例尺划分为各网格单元,把人、地、事、物、情、组织等作为治理要素,依托区级统一调度平台,对单元内实施信息化、动态化管理。

随着网格化服务管理在基层社会治理中取得明显成效,很多领域和部门开始推广网格化,目前已经实施网格化管理的领域有:医疗卫生网格化、生态环保网格化、大气污染网格化监控、安全生产网格化管理、消防安全网格化管理、食品药品安全网格化管理、烟草网格化管理、学校教育网格化管理等。

1. 在安全监管领域的应用

随着网格化在基层社会治理中效果的展现,在消防安全、食品药品安全、安全生产、交通安全、环保安全、学校安全管理、市场监督管理、廉政管理等领域分别提出通过网格化服务管理提升各自的建设发展。

如2011年12月,国务院印发了《关于加强和改进消防工作的意见》并首次在文件中明确提出推行消防安全"网格化"管理。随后,中央社会管理综合治理委员会办公室、公安部等5部门联合印发《关于街道乡镇推行消防安全网格化管理的指导意见》,明确了消防安全网格化管理的具体工作目标、工作原则、工作任务。很多地区都将消防安全网格化管理纳入综合治理平台,推动消防网格化向纵深发展。

2. 在民生服务领域的应用

"十四五"规划和2035年远景目标纲要提出,要增进民生福祉,提升共建共治共享水平。健全社区管理和服务机制,推动社会治理和服务重心下移、资源下沉,提高城乡社区精准化精细化服务管理能力。推进审批权限和公共服务事项向基层延伸,构建网格化管理、精细化服务、信息化支撑、开放共享的基层管理服务平台,推动就业社保、养老托育、扶残助残、医疗卫生、家政服务、物流商超、治安执法、纠纷协调处理、心理援助等便民服务场景有机集成和精准对接。

因此，网格化管理出现在医疗卫生服务、应急救援、银行、有线电视、供电服务、妇幼保健、小学课后服务等领域，通过网格化服务管理模式，科学合理地分类推进公共服务体系建设，在保障群众基本生活需求的基础上，更好地满足广大人民群众对美好生活的新需要。

综上所述，网格化是经过时间、空间验证的管理与服务方法，在不同领域和部门都取得了明显成效。网格化管理在有些领域已经相当成熟，如城乡基层治理领域、消防安全管理领域，而在有些领域才刚刚开始，还有很大的探索空间。

因此，网格化治理模式作为数字政府建设的重要手段，想要实现服务型政府的目标，势必要从社会管理、社会治理领域拓展到公共服务等领域。

五、网格化模式的基本原理

1. 网格化模式的思想理念

所谓网格化模式，是现代信息技术与公共管理实践相结合的产物，是指利用现代信息技术手段将管理区域按照一定标准划分为网格单元，将人、地、事、物、情、组织等信息与网格关联，依托信息平台进行指挥调度，实施信息化、精细化、动态化的管理和服务的全过程。特别是在计算机网络处理领域，网格化代表着协同共享与实时互联的点对点精确定位管理方式，对数据的处理和资源的整合有着独特的先天优势。同时，网格化模式还是我国基层治理模式的创新成果之一，既融合了系统论、信息论、控制论等西方管理科学成果，又传承了我国传统人本善治思想和东方管理智慧，被给予了"既是城市管理的科学，也是城市管理的艺术"的高度评价。有专家曾评价，网格化管理是思想、理念、体制、机制、方法和技术的综合创新。

2. 网格化模式的体制机制建设

传统的城市管理体制存在政府部门各自为政、职责不清、权责不明、工作效率不高等一系列问题，基层社会治理如何发挥各政府部门的联动协调机制，一直是难以突破的难题。网格化服务管理模式作为一种整体性运作模式，有着解决上述问题的优势。首先，网格化管理提出了统一规划、市区联动的工作思路，形成发现、立案、派遣、处置、核查、结案等一套完整有效的闭环工作机制。其次,网格化管理一般实行市区两级分工、监管分离的体制。市级负责监控和协调,区级负责具体运作。两级都分别设立指挥中心,减少了问题上报的很多中间环节和管理层级,大大缩短了处理问题的时间,提高了社会管理与服务的效率。最后,网格化模式下的社会治理可以厘清政府各职能部门的管理职能与职权,同时明确了社区、街道的管理职能并下沉到每一个社区单元网格,明确单元网格负责人的职责与权利,并建立有效的监督与评估机制。

2004年,北京市东城区城市管理部门集合十几项信息技术、地理编码及网格地图技术,创设了一套"万米单元网格"的城市管理模式,拉开了全国各地建设网格化治理体系的序幕。网格化治理模式的核心机制可以归结为:定位机制、资源整合机制以及平台反馈机制。

(1)定位机制。定位机制是指借助信息技术对社会治理主体以及对象进行精确定位。在对社区进行精确的网格划分之后,定位机制就能对社区居民、网格员、基层政府、决策部门进行精确定位。在"抗疫"期间,感染病例的流行病学追踪就是基于定位机制的追踪,从个人到密切接触人员的行踪路线都能准确了解,从而为防控疫情提供了准确可靠的信息。

(2)资源整合机制。资源整合机制是指对政府、社会组织等各治理主体资源进行整合,精准高效地解决社区问题。全国城乡许多地方乃至村一级,都成立了"综治中心"(综合治理中心)。这一机构相当于政府伸向基层各个角落的触角,收集汇总各类信息,及时处理各类矛盾,同时向上反映情况、汇报信息,形成了"纠纷解决发现与上报→网格员(长)→综治中心→各政府服务部门和社会组织"的网格化治理局面。

(3)平台反馈机制。平台反馈机制是指借助于信息技术的发展,居民不仅可以反馈社区问题,还可以在平台随时追踪问题的解决流程以及对结果进行满意度评分。这不仅能够提升居民参与治理的积极性,还能将此评分纳入政府各部门以及网格的考核绩效当中,从而提升社会治理水平,不断完善社会治理体系。

这一机制与定位机制以及资源整合机制正好形成一个闭环,社区问题从发现到解决都是各方参与和互动的过程,政府不再是大包大揽式的管理者,而是资源和服务的提供者。这符合现代社会治理的要求,凸显了民众社会治理的参与感,强化了民众社会治理的主体意识。

3. 网格化模式管理服务的对象

网格内的服务管理对象主要包括人、地、事、物、情、组织。

（1）人。人是指实际生活在本地区的人口，包括常住人口、流动人口、散居社会境外人员。特别要做好流动人口、低保人员、空巢老人、残疾人以及国保重点人员、刑释解教人员、社区矫正人员、吸毒人员、精神病人员、信访重点人员、违法犯罪青少年等人员的服务管理工作。

（2）地。地是指社会管理区域内需要关注的重要场所、部位等地理位置的统称。包括宾馆饭店、大中型市场、各类媒体、各类院校、金融证券、邮政单位、医疗卫生、中央和市（区）属单位及驻京办事处等重点单位；旅游景区、娱乐场所、大型公共场所、繁华街区等重点区域；停车泊位、废品收购站点、地铁出入口、桥梁涵洞等重点部位；涉及社会服务工作的各类场所等。

（3）事。事是指社会服务管理区域内需要关注的事件的统称。包括排查的人民内部矛盾纠纷、重大事件、重大案件、局部自然灾害和其他重要事件。

（4）物。物是指社会管理区域内需要关注的重要设施、物品的统称。包括涉及国计民生的水、电、气、热设施，通信设施，易燃易爆危险品，化学、剧毒物品存放场所等。

（5）情。情是指网格内的文化情绪，属于网格文化的内涵，具体表现为文明礼仪规范的遵守，邻里关系的和谐，以及邻里关系中发生事件的处理。

（6）组织。区域内的各类社会单位、团体等集体的统称。

4. 管理部件和事件分类知识

《数字化城市管理信息系统第2部分：管理部件和事件》（GB/T 30428.2—2013）规定了数字化城市管理信息系统的管理部件和事件的分类、编码及数据要求、专业部门编码规则，以及管理部件和事件类型扩展规则。适用于数字化城市管理信息系统的管理部件和事件数据获取、管理与应用。

城市部件事件管理法就是将城市治理工作的基本问题分为部件和事件两大类。通过运用地理编码技术，将城市管理对象具体化和数字化，对城市部件进行有序、精确的定位，使城市管理者对于管理对象做到定位准确、发现及时、处置快速，从而实现了由粗放管理到精细管理的转变。

（1）城市管理部件。管理部件是指城市市政管理公共区域内的各项设施，包括公用设施类、交通设施类、市容环境设施类、园林绿化设施类、房屋土地类等市政工程设施和市政公用设施，简称部件。部件的具体分类见表3-1。

表 3-1 部件的具体分类

序号	类别	主要包括	小类数量
01	公用设施	水、电、气、热等各种检修井以及相关公用设施等	58
02	交通设施	停车场、交通标志牌、公交站亭、立交桥等	31
03	市容环境设施	主要包括公共厕所、垃圾箱、户外广告、牌匾标识等	13
04	园林绿化设施	古树名木、雕塑、街头座椅等	10
05	其他部件	人防工事、公房地下室、重大危险源、水域附属设施、文物古迹等	9

（2）城市管理事件。人为或自然因素导致城市市容环境和环境秩序受到影响或破坏，需要城市管理专业部门处理并使之恢复正常的现象和行为，简称事件。事件的具体分类见表3-2。

表 3-2 事件的具体分类

序号	类别	主要包括	小类数量
01	市容环境类	私搭乱建、违章接坡、建筑物外立面不洁、暴露垃圾、积存垃圾渣土、道路破损等	38
02	宣传广告类	非法小广告、违规户外广告、违规牌匾标识、广告语言文字不规范等	7
03	施工管理类	施工扰民、工地扬尘、施工废弃料、施工工地围挡问题、施工占道等	12
04	街面秩序类	无照经营游商、早（夜）市管理问题、流浪乞讨、占道废品收购、店外经营等	10
05	突发事件类	供水管道破裂、燃气管道破裂、路面塌陷、排水管道堵塞、群发性事件等	11
06	其他事件类	违规高空悬吊作业、门前（三包）脏乱等	5

（3）城市管理部件与事件的编码规则。

1）编码规则

①编码组成。部件或事件编码由两部分组成，一部分是部件或事件的分类代码，另一部分是部件或事件的顺序码，两部分合成为部件或事件的标识码。

部件或事件的分类代码代表其所在地区及所属功能的分类，标识码不仅在本城市是唯一的，而且在全国也是唯一的，相当于给该部件或事件赋予了"身份证"。这个"身份证"，对于实施全国性城市基础设施的数量、现状、归属等属性的统计与分析，乃至对全国城市基础设施精细化管理状况进行考核评价都具有重要意义。

②具体编码要求。由3个码段共10位数字组成,依次为:6位县级及县级以上行政区划代码、2位大类代码、2位小类代码。部件代码结构如图3-2所示。

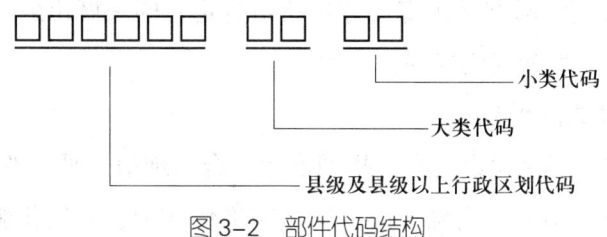

图3-2 部件代码结构

其中,6位县级及县级以上行政区划代码,要依照现行国标《中华人民共和国行政区划代码》(GB/T 2260)执行。大类代码为2位,如针对城市管理部件分别是01公用设施,02交通设施,03市容环境设施,04园林绿化设施,05其他部件。小类代码为2位,从01~99由小到大顺序编排。其中01~79为该标准各大类中的小类代码占用,不足79小类的剩余码位暂空,为以后标准修订增加管理对象时预留。80~99用于各地扩充管理部件时使用,其排列顺序按照99~80倒排。

③部件标识码。每个部件都有一个唯一的标识码。标识码共16位,由"部件代码+顺序代码"构成,前10位是部件代码,后6位是顺序代码。顺序代码表示同类部件在同一城市里的排列顺序号,依照部件定位标图从000001开始由小到大顺序编排。

例如,北京市东城区安定门东大街南侧、小街桥路口西50 m处步行道上一电力井盖,按照该标准的编码规则,东城区的行政区划代码为110101,其部件大类为公用设施,代码为01,小类为电力井盖,代码为05,其普查测绘和标图定位的流水号为1525,顺序代码为001525,则该电力井盖的标识码为1101010105001525。

2)部件和事件类型扩展。我国地域辽阔,城市的各类基础设施以及管理内容、管理标准等在南方与北方、发达地区与欠发达地区都有一定差别,为兼顾各地的不同需求,标准对部件和事件类型扩展作出了相关规定。

标准规定的部件和事件大类已经基本涵盖了目前我国城市管理领域内的管理对象。但是,随着城市管理事业发展和城市管理体制改革不断深化,有些管理内容必然要进行补充完善。为此，该标准在大类设计中特别设置了其他部件、其他事件的管理内容，为那些不能归集到已有大类中的管理内容预留了归口。

但是标准规定"当本部分规定的部件和事件小类不能满足城市特定管理需要时，可进行扩展。但部件和事件的大类不得扩展"。同时给出了部件和事件小类扩展的定义及其编码方法规定。并且严格规定"同一城市各级部门采用的扩展部件和事件的类型和代码应保持一致"。

5. 网格化模式的平台建设

网格化模式的平台建设通常是指网格化综合治理信息平台的建设。

党的十九届五中全会明确指出，构建网格化管理、精细化服务、信息化支撑、开放共享的基层管理服务平台。

城市网格化治理充分运用网格理念和现代信息技术，从市容市貌管理延伸拓展到社会管理的其他领域，如公共服务、应急安全、社区行政、疫情防控等一系列和基层群众密切相关的业务领域，做到了"一张网、全覆盖、云在算、人在干"。

这种信息服务平台具有数据统计、数据查询、信息互动、网上办事和交流沟通等功能，群众的诉求或建议可以通过网格管理员以走访、电话、短信等方式收集后输入网格治理信息平台，系统会自动处理，按内容分类和上传程序递交给全市各级相关职能部门处理，并限时办结，受理结果会由网格员反馈给诉求当事人。此外，网格治理信息平台还具备电子民情日记撰写的功能，以此鼓励和监督网格员按时记录工作情况，认真进行工作反思，并将其作为考核干部服务群众、改良工作作风、发挥职能等方面的重要依据。

网格化综合治理信息平台主要有以下5个特点：

（1）创新社会治理模式，实现动态决策支持。将现有的政府行政资源、公共服务资源、社会资源、市场资源等管理服务资源最大限度地整合和利用，以差异化职责促进条块融合，以网格化管理促进上下联动，形成逐级负责、各尽其责、各司其职的责任落实机制和工作推进机制。

（2）运用多种信息化组合技术。通过整合智慧城市GIS、GPS、网格地图精细化等技术应用，以信息流调控人流、物流，实现了社会治理的信息化、人性化、法制化和透明化，实现了数字城市技术应用领域的创新。

（3）整合基础数据，搭建多维度数据库平台。结合网格化社会治理"以房管人"原则，采用三维空间化地理信息展示系统，可以有效地查询、检索，直观地看到社区房屋信息、人口信息、道路信息、设施信息等，包含社区企事业单位、经济组织、各类建筑物、主次干道、背街小巷、物业小区、家庭、农村院落及区域地貌的三维仿真虚拟城区。

（4）基于大数据挖掘，提供智能化决策引擎。围绕网格化管理数据库进行挖掘和分析，为决策者提供所需数据、信息、知识，帮助明确决策目标和进行问题的识别，建立或修改决策模型，通过人机交互功能进行分析、比较和判断，为各级领导进行有效的社会治理提供宏观决策服务。

（5）建设社会治理与服务的全方位评价体系。评价的内容主要是对工作过程、责任主体、工作绩效和规范标准进行评价。利用信息化手段从区域评价、部门评价和岗位评价三个方面，对评价对象即社会治理网格员、专业管理部门、社会治理指挥中心主体进行综合考核评价，并对社会治理过程进行绩效发布。

6. 网格化模式的运行机制

（1）日常案件派遣机制。坐席员接收案件30分钟内派遣至承办单位。

（2）网格案件督办机制。及时督办到期未回复、回访未解决的问题。

（3）疑难案件会办机制。指挥轴明确权属、联合会商执法、领导批示转办、专题会议研讨。

（4）重点案件批办机制。针对重特大案件，报区主管领导批示交办。

（5）信息资源共享机制。及时为行业部门和属地提供信息支撑。

（6）网格数据分析机制。服务县领导、服务行业部门、服务各属地。

培训课程 2

网格化社会治理

一、网格化社会治理的背景

网格化治理模式最初由公安系统应用于社会治安巡逻之中,通过将区域内划分为物理空间网格,实现警员力量合理配置,快速处理警情。2004年,北京市东城区就建立了"万米网格单元治理模式",主要是用于城市管理领域,即通过将东城区按照一比一万的比例尺划分为大小较均等的网格单元,每个单元内配备一定数量的网格员。网格员负责日常巡查,主动发现社会治安、环境保护、城市部件等问题,通过信息采集器上传到监督中心,再由监督中心将事务分派给相应的政府部门,政府部门派员解决问题之后,再向监督中心结案,由此形成闭环处理。

党的十九大报告指出,随着社会经济快速发展,我国社会主要矛盾已经转化为人民群众日益增长的美好生活需要和不平衡不充分的发展之间的矛盾,这对社会治理体系和治理能力现代化提出了新的更高要求。针对新时期新问题,习近平总书记在党的十九大报告中提出要改进社会治理方式、创新社会治理体制,以网格化管理、社会化服务为方向,健全基层综合服务管理平台,"打造共建共治共享的社会治理格局""推动社会治理重心向基层下移"。

近年来,网格化社会治理的内涵和外延逐步深化,在城乡社区行政、公共服务、劳动保障、就业帮扶、消防安全、信息采集等多领域得到拓展,呈现出"无网格,不治理"的发展趋势。

二、网格化社会治理的概念

网格化社会治理是一种数字化管理模式,它充分运用物联网、大数据、人工智能等现代信息技术,将管辖地域划分成若干网格单元,对网格内的人、地、事、物、情、组织实施动态、全方位管理与服务。其核心要素就是实现智能化与网格化的有机融合、资源共享,推动网格化社会治理的人机结合、人机交融。

网格化社会治理充分利用众多下沉的网格员发现的信息,将这些信息通过网格员的手机 App 直接汇聚成数据流。智能化则是通过已有的覆盖全辖区的智能技术感知网络去主动发现各类风险隐患。两者的叠加,能够更加有效、精准、及时地发现各类风险隐患。

网格化社会治理承担了大量的公共管理和服务职责,形成了自上而下的覆盖整个基层社会的需求之网,与现代基层社会产生了直接的对接,通过网格为居民提供服务,使居民参与社区管理,实现居民自治。

三、网格化社会治理的原则

1. 社会治理原则

在党的十八届三中全会期间,"社会治理"概念首次替代"社会管理"概念出现在党和政府颁布的相关意见、文件中,社会治理思想开始进入基层社会实践阶段。而网格化是社会治理的一种方法和技术。

社会治理的基本原则主要有两个方面:多元治理和法治化治理。

(1)多元治理。多元治理主要强调社会治理的主体不只是党和政府,还包括社会组织、企事业单位、社区组织、物业公司等,它们都是基层社会治理的主体,在基层社会治理中发挥着各自的作用。

(2)法治化治理。法治化治理是指要坚持以国法为准绳,以党纪为引领,以道德、习俗为辅助,逐步建立起一整套分门类、分层次,能够维护社会公平正义的社会治理制度体系,从而使社会治理有法可依、依法办事。

党的十八大以来,在构建社会治理新格局的规划中,党和政府一直强调"共建共治共享"的理念。党的十九届四中全会通过了《中共中央关于坚持和完善中国特色社会主义制度推进国家治理体系和治理能力现代化若干重大问题的决定》(以下简称《决定》),明确指出"健全社区管理和服务体制,推行网格化管理和服务,发挥群团组织、社会组织的作用,发挥行业协会商会自律功能,实现政府治理和社会调节、居民自治良性互动,夯实基层社会治理基础"。因此,网格化社会治理要遵循多元与法治化的原则,特别要防范带着管控思维从事网格化治理,认为网格化就是借助信息技术手段实施的一种"人治",这不仅忽视了网格化社会治理强调多元治理的前提，同时忽视了网格化社会治理要在法治范围内进行。

2. 精准化和精细化原则

网格化社会治理的实质就是精细化管理和精准化服务。

（1）精细化管理强调"精细化"，即基层社会治理要管细管实，将辖区划分为若干单元网格，通过"党在格中引、人在网格走、事在网格解"的网格化服务管理体系，激活网格化精细化管理的"末梢神经"。这个"细"还包括时间上的精准、时效性的要求。关键是如何把精细化落到实处，这就要求建立责任闭环，做到有事就有责，有责就有责任主体，不负责任就要担责。

（2）精准化服务强调面向辖区居民的需求和公共服务，能够精准到每个单位、每个个体、每件要处理代办的事情上。

随着社会的发展和经济水平的提高，社会问题更加复杂化，人们的需求也更趋个性化。若采用粗放型的管理和服务势必会产生更多矛盾，因此，无论是管理还是服务，都必须进行个性化、分层化、多元化的改变。

网格化社会治理是一种手段，但其目的是实现社会治理的精细化与精准化。因此，一定要防止"把手段当目的"，避免只在意和计较网格大小、网格员的数量以及网格化技术装备和平台，而忽略了如何开展精细化管理与精准化服务。

3. 智能化原则

党的十九届四中全会《决定》提出，必须加强和创新社会治理，完善党委领导、政府负责、民主协商、社会协同、公众参与、法治保障、科技支撑的社会治理体系，把科技支撑作为完善社会治理体系的重要内容。

与以往基层社会管理相比，网格化社会治理就是运用互联网、大数据、人工智能等信息技术来丰富社会治理的内涵、方式和手段，为全面感知和掌握社会运行动态提供便利的条件，增加社会管理、为民服务和居民自治的效率。网格化社会治理实现了网络与网格的"双网融合"。

四、网格化社会治理的目的

1. 社会稳定

国家安全是民族复兴的根基，社会稳定是国家强盛的前提。党的二十大报告明确提出，要推进国家安全体系和能力现代化，坚决维护国家安全和社会稳定。

进入新时代，"平安"的内涵与外延不断丰富发展，人民群众对"平安"的需求，不再仅仅是治安良好、犯罪率低，而是拓展到衣食住行、网络安全、公平正义等社会生活各方面。要深入开展平安创建活动，依托综治中心，拓展网格化服务管理，全面提升基层治安综合治理水平，不断增强人民群众的安全感和满意度。

为更好地统筹推进基层社会治理，深化"平安政府"建设，全面推进网格化管理运行机制建设，充分发挥网格化服务管理深入基层，深入群众的优势，维护社会稳定必然是网格化社会治理最核心的目的。

在借助现代信息技术的基础上，网格员深入基层社区，开展综合信息采集、安全隐患排查、社情民意收集、矛盾纠纷排查化解等工作事项，将社会中的"隐患"遏制在萌芽状态，发挥着网格化社会治理的基层力量。

例如，上海建立"网格+警格"的联动模式，社区民警依托懂政策、懂法律、懂业务的专业技能，指导网格员开展人口管理、安全防范、信息采集、矛盾化解、服务群众等工作；网格员充分发挥人熟、地熟、情况熟的优势，二者紧密配合，有效地解决了基础信息摸不上来、群众工作不够深入的难题。

2. 社会服务

基层治理是国家治理的基石，统筹推进城乡社区治理，是实现国家治理体系和治理能力现代化的基础工程。党的二十大报告指出，要"深入群众、深入基层，采取更多惠民生、暖民心举措，着力解决好人民群众急难愁盼问题，健全基本公共服务体系，提高公共服务水平"。

网格化社会治理通过网格化管理，把服务资源下沉到基层，把服务触角延伸到社区，把服务工作落实到群众，基层群众感受到了社会进步的福惠，群众的"急难愁盼"在网格化管理与服务中得到解决，解决了社会治理中服务群众"最后一公里"的难题。

网格员通过日常巡查走访，能够主动发现辖区居民的需求，提供便民服务，最常见的都是与居民衣食住行息息相关的服务，如房屋漏水、楼梯间灯光不亮、楼道公共空间堆积杂物等；面对一些特殊人群，如行动不便的老人、残疾人等，可以提供代办帮办的服务。

此外，借助现代信息技术，居民通过网格化服务管理移动终端 App 反映需求，网格化服务管理平台接收到需求问题后，便可以点对点地解决问题，为居民提供精准化服务。

通过网格化服务管理平台为网格辖区居民提供社会服务，可以实现闭环处理，做到事事有回应、件件有落实，不仅能够提高群众对政府的满意度，同时也能够提升人民群众生活的幸福感。

3. 居民自治

党的二十大报告进一步指出，完善社会治理体系，健全共建共治共享的社会治理制度，提升社会治理效能，畅通和规范群众诉求表达、利益协调、权益保障通道，建设人人有责、人人尽责、人人享有的社会治理共同体。

关于社区自治的概念，学术界做了三个层面的定义：

（1）社区自治是政府管理之外的社会自治，"社区居民自己管理自己生活在其中的社区事务"。

（2）社区自治就是地方自治，主张在法定社区（街道或坊）由居民直接选举产生社区政府和社区议会。

（3）社区自治是政府、社区组织、居民合作治理社区公共事务的过程。不需要外部力量的强制性干预，社区各种利益相关者习惯于通过民主协商来合作处理社区公共事务，并使社区进入自我教育、自我管理、自我服务、自我约束的过程。

基于网格化模式的社会基层治理要做到与基层居民自治有效衔接，促进基层自治，提升基层治理效果，需要做到以下三点：

1）要坚持党的领导，发挥中国特色基层治理制度优势。以区域化党建、党组织建设为抓手，把党建作为总揽全局、协调各方的强大力量，充分发挥党在基层治理中的政治引领力、组织领导力和统筹协调力。通过把党支部建到网格上，将网格党组织建成领导网格自管共治的一线力量。

2）要不断深化基层政府体制机制改革，完善和优化社区治理结构，理顺各治理主体的权责关系。推动治理资源、公共服务、人员下沉，厘清社区工作站与社区居委会权责关系，归位社区居委会自治职能。加强居委会自治能力建设，充分发挥居委会在基层自治中的引导、动员和组织作用。

3）要搭建多元主体民主协商议事新平台，践行"大家的事商量办"的理念，以议事协商促自管共治。推动更小的治理单位形成自管共治组织，吸引和动员多元主体参与社区公共事务。社区党委要牵头制定相关制度，以制度化的形式规范民主协商议事、促进民主协商议事常态化。

江苏扬州地区积极探索"网格＋民主协商"制度，建立邻里驿站、网格工作室等议事载体，推行"大家来找茬""随手拍"等基层治理模式，开展"微网格·微心愿·微项目"征集活动，畅通基层民主协商渠道，引导社会各界广泛参与网格化社会治理工作，通过网格员的动员、组织和引导，进一步激发群众自治活力，实现社区共建共治共享格局。

山东青岛某社区网格在社区党委和居委会的支持下，成立了网格自管会。网格自管会设主任1名，副主任2名和委员若干，且均由网格居民投票选举产生。网格自管会成员包括网格党组织成员、专业网格员、共建单位、楼组长、居民骨干、普通居民等多元主体。网格自管会在网格党组织的领导下，引导、动员和组织居民自管共治。网格自管会围绕居民关心的格内公共事务（如公共环境卫生、公共空间使用、不文明养犬、停车难等问题）召开居民议事会、联席会、调解会"三会"，展开民主协商议事。会议作出的决定，由网格自管会协同专业网格员、物业企业、居民骨干等实施。

五、网格化社会治理的组成

1. 党的领导——政府主责

（1）党建引领。新时代的网格化治理坚持以"党建引领"为原则，以"共建共治共享"为指导，以"提升人民群众获得感、幸福感、安全感"为目标。习近平总书记强调，"要把加强基层党的建设、巩固党的执政基础作为贯穿社会治理和基层建设的一条红线""要创新社会治理体制，把资源、服务、管理放到基层，把基层治理同基层党建结合起来"。很多地区为了充分发挥党在基层社会治理中的引领作用，都将党支部建在网格上，同时发动党员进网格。

例如，江苏某地区推行"支部建在网格上"。一是坚持党建引领网格，实行基层党建融入社会治理各领域和全过程，将党建工作纳入"一张网"；优化调整党组织设置，全面实行村（社区）网格专职网格员、网格支部书记"一肩挑"，原则上村（社区）基础网格内单独设立党支部，每名党员都纳入网格党支部管理，推动网格支部建设和党建工作力量全覆盖，构建党建网格和社会治理网格"两网融合"格局。二是打造党群服务直通站。着力把网格阵地建设成为服务群众的最前沿、党员教育的主场所，按照"一网格一支部一阵地"要求，进一步盘活村（社区）公共用房、闲置场地、物业中心、党员中心户等资源作用，严格执行"一徽一标六有"标准，加强网格支部阵地建设，打通服务群众的"最后一米"。三是擦亮党建品牌新名片。开展机关部门与村、社区党组织结对共建活动，发挥机关部门党建人才、政策资源等方面优势，推行网格党支部"标准示范"建设，开展网格党支部示范点创建活动，各地各单位结合实际，打造"睦邻楼道""红色基因馆""红色物业"等特色阵地亮点，组织发动机关党员利用休息时间参与志愿服务，做到"党员进网格，服务心贴心"，让"党员义工365"成为机关干部的行动自觉，构建干群共治、示范带动的良好氛围。

（2）政府部门的基本职责。政府在网格化社会治理中应该为社区和街道提供服务，而不是控制。政府要发挥自身的优势，整合社区内的各种资源，建立网格化服务管理的信息共享网络；完善社区内的基本公共服务设施，如医疗服务设施；协助物业公司完善网格辖区内的基本体育文化娱乐设施，如健身器材等；引导网格内自发性群众组织等。

网格员作为基层社会治理问题的发现者、信息收集者，并不是真正解决问题的群体，在大多数情况下需要政府的相关职责部门履行自己的职责，对于网格员发现的各种问题予以回应，让网格化社会治理不只是一句空话。根据部门（单位）职能职责，不同类型事件的处置对应不同的责任主体。

1）组织部门。对基层（村、社区）党建工作进行规划和指导，设置调整党组织；组织开展"在职党员进社区""组团式服务"等基层服务活动；参与做好"智慧党建"信息平台与网格化中心综合信息平台的衔接或兼容工作；参与制定网格员的招聘、管理使用、报酬待遇及考评办法等工作。

2）政府办公室、政法部门。区域内城乡社区网格化建设的领导工作；全市信息平台的顶层设计、统筹规划和建设；指导制定全市城乡社区网格化服务管理实施方案；平台运行和网格管理运转的各项保障工作；收集整理、协调解决推进过程中遇到的困难和问题；指导网格化中心加强网格管理工作；参与制定社区网格员的招聘使用、报酬待遇及考评办法等工作。

3）发改部门。区域内城乡社区网格化服务管理建设的立项；将网格化服务管理建设纳入市经济社会发展规划和年度发展计划；配合相关部门制定全市城乡社区网格化服务管理发展规划。

4）公安部门。区域治安管理；指导、监督全市群众性治安保卫组织的治安防范工作；制定实有人口服务管理制度；做好户籍人口、实有人口、大型商场超市、旅店业场所、娱乐场所、出租房、境外人员等信息采集工作；协助对网格员开展实有人口服务管理方面培训；配合监控摄像头、卡口、110平台、非警业务信息平台与网格化中心综合信息平台的衔接或兼容工作；参与制定网格员的招聘、报酬待遇以及考评办法。

5）民政部门。拟定全市城乡基层群众自治组织建设和社区建设相关制度并组织实施；负责相关社区区划调整变更及街、巷、路地名标识和楼栋、单元、门牌号牌的完善；低保人群、涉军人员、帮扶对象和社会组织等信息采集工作；协助社区网格员救灾减灾政策方面的培训；协助制定网格员的招聘使用、报酬待遇及考评办法。

6）住建、房管部门。区域城乡规划、重大基础设施建设项目规划和市政公用设施的编制和建设；指导、协调有关部门对网格化中心综合信息平台的网格图所涉及的空间数据集成处理；区域内物业管理、房屋安全管理、房产中介、房屋白蚁防治等工作的监督管理；小区及对应物业公司联系方式等信息的收集、整理工作。

7）城管部门。与居民生活相关的城管类事项的及时处理；配合做好监控摄像头、卡口、城管网格化业务平台与网格化中心综合信息平台的衔接或兼容工作；协助城市相关部件信息采集。

8）林业部门。对网格员开展森林防火方面的培训工作。

9）食药工商质监部门。食品药品、工商、质量技术监督的规范性文件、规划的监督实施；企业信息、个体工商户等信息采集；配合12315平台与网格化中心综合信息平台的衔接或兼容；协助做好对网格员食品药品安全和消费维权方面的培训工作。

10）安监部门。依法监督检查生产经营单位重大危险源监控、重大事故隐患排查治理工作；安全生产监管企业、易燃易爆物品、危险化学品企业、重点隐患区域（部位）等信息资料的采集、整理；配合做好安监系统企业监控摄像头与网格化中心综合信息平台的衔接或兼容工作；协助开展网格员安全生产相关知识的培训工作。

11）教育部门。统筹管理全市基础教育、高中教育、职业教育、成人教育等教育工作；协助学校、幼儿园、培训机构等各类教育机构的信息采集工作；配合做好校园安全监控摄像头与网格化中心综合信息平台的衔接或兼容工作；协助对网格员开展校园周边治安整治、安全隐患排查等方面的培训工作。

12）交管部门。区域内道路（高速公路、高等级公路除外）交通安全、交通秩序以及机动车辆、驾驶员的管理；配合做好监控摄像头、卡口、122平台与网格化中心综合信息平台的衔接和兼容工作；协助开展网格员道路交通安全知识的培训工作。

13）消防部门。指导区域内消防工作，落实《中华人民共和国消防法》规定的各项措施；协助开展网格员消防安全知识的培训工作。

14）街道（乡、镇）部门。积极开展网格化服务管理工作；组织力量协助网格员做好基础数据入户采集工作；做好市、城乡、社区网格化工作领导小组办公室交办的其他工作。

15）其他相关部门。配合做好本部门涉及村（社区）服务的信息平台与网格化中心综合信息平台的衔接和兼容工作。

（3）社会组织的组织和作用。社会组织是网格化的协同力量、重要依靠。要利用网格小的优势，发展或引进各种功能的社会组织，开展居民自治或邻里互助。比如物业公司，许多事关社会安全和居民需求的矛盾与困难，必须获得物业公司的支持才能解决。因此，网格化社会治理不能忽略了网格内外的各种资源，要挖掘网格内的居民资源，整合各方信息来推动问题的解决。

2. 网格划分——精细管理的保证

（1）单元网格管理法。万米单元网格管理法是在城市管理中运用网格地图的思想，以一万平方米为基本单位，将城市划分成若干个网格状单元，由城市管理监督员对所分管的万米单元实施全时段监控，同时明确各级地域责任人为辖区城市管理责任人，从而对管理空间实现分层、分级、全区域管理的方法。

（2）网格划分的目的。政府职能部门为了实行精细化管理，精准化服务，将所辖区域划分为若干个工作网格，每个工作网格以基础网格为基本单元进行划分，实现工作网格与基础网格互相交叉，形成一对一或一对多的关系。

（3）网格划分的原则。

1）法定基础原则。单元网格的划分应基于法定的地形测量数据进行，地形测量数据比例尺一般以1∶500或1∶1 000为宜，但不应小于1∶2 000。

2）属地管理原则。单元网格的最大边界是社区（村）边界，不应跨社区（村）划分。避免管理范围"错位"和管理责任"失位"现象。

3）地理布局原则。按照城市中的街巷、院落、公共绿地、广场、桥梁、空地、河流、山丘、湖泊等自然地理布局进行划分。在划分单元网格时，不能按照经纬度，不能穿越建筑物和管理对象，应充分考量现实的地形地物，保证单元网格的实际有效性。

4）面积适当原则。在数字城管建设初期，大部分城市的数字城管覆盖区域基本是城市主城区或人口密集活动区，因此原行业标准规定一个单元网格的面积大约为 100 m×100 m 范围，基本上是 100 m² 左右，实现小区域分块管理。随着数字城管在地级市、县级市和县城的展开，很多地区将管辖范围由建成区向非建成区扩展，由郊区、近郊区、远郊区，甚至到了村镇这样 1 000 m² 面积，对于大部分人稀物少区域显然不够合理。因此，规定了面积适当原则，即中心城区单元网格的面积仍可按照 100 m² 左右划分，而其他区域则可以根据地区特点、人口密度和管理对象多少等需要，确定适当的单元网格面积。

5）现状管理原则。为强化和实施有效管理，单位自主管理的独立院落超过 10 000 m² 时，不应拆分，以单位独立院落为单元进行划分。一般政府对城市公共空间负有管理责任，而独立单位（院落）和封闭式小区，其管理者本身也负有对此的管理责任。因此，按现状管理职责划分单元网格，相关单位和物业公司应承担所辖独立范围的管理责任。

6）方便管理原则。划分的单元网格，应便于使用安全快捷的交通工具和出行方式实施巡查监督管理。按照路径便捷，方便管理人员的原则实施管理。

7）负载均衡原则。兼顾建筑物、管理部件的完整性，单元网格的边界不应穿越建筑物、管理部件。既要使各单元网格内管理部件的数量以及网格员巡查工作量大致均衡，也要尽量做到单元网格内承载的管理对象和内容数量大致均衡。网格员巡查范围应为若干个单元网格组成的责任网格，可通过责任网格的划分来调整管理部件数量的均衡性。按单元网格进行的部件数量统计可由系统承建商或承担部件普查的单位提供。

8）无缝拼接原则。单元网格之间不应有漏洞，不应重叠。

9）相对稳定原则。单元网格的划分宜保持相对稳定，划分单元网格的目的是实现管理工作量的明确界定、管理责任的适度定位、管理内容的负载均衡、管理对象的状态可控。因此单元网格确定后，一般不宜反复进行调整，应保持部件和事件"所在单元网格"这一属性信息的相对稳定。

（4）网格划分的方法。在划分网格时，尽可能与现有城市管理网格相匹配，不跨城市物理网格进行划分。原则上一个社会服务管理工作网格可内置多个城市管理网格，并尽量减少出现多种管理对象混合类型的网格。

对于商业商务、机关企事业单位、人员密集场所等区域，主要考虑"便利性"和"差异性"原则，其次考虑"均衡性"的原则，上述区域的单独一个或相连的几个宜划分在一个独立网格内。单位自主管理的较大独立的上述区域在不超过一个社区的范围内，可独立分为一个网格。

对于住宅、商住混合区域，主要考虑"均衡性"，其次考虑"便利性"和"差异性"。同一物业管理公司或产权单位的房屋，在不影响均衡性的情况下，尽量划分在同一个网格内。楼房应以楼、栋为单位，平房应以胡同为单位进行划分，避免出现拆分单元门和平房院的现象，确保实现"完整性"。

在一般情况下，一个区域划分为3~5个网格，可根据实际情况进行局部调整。网格划分完毕后，由划分网格的责任单位依照管理便利性来确定网格类型。

3. 网格化社会治理平台——技术支撑

（1）网格化社会治理平台的顶层设计。网格化社会治理平台设计图如图3-3所示。

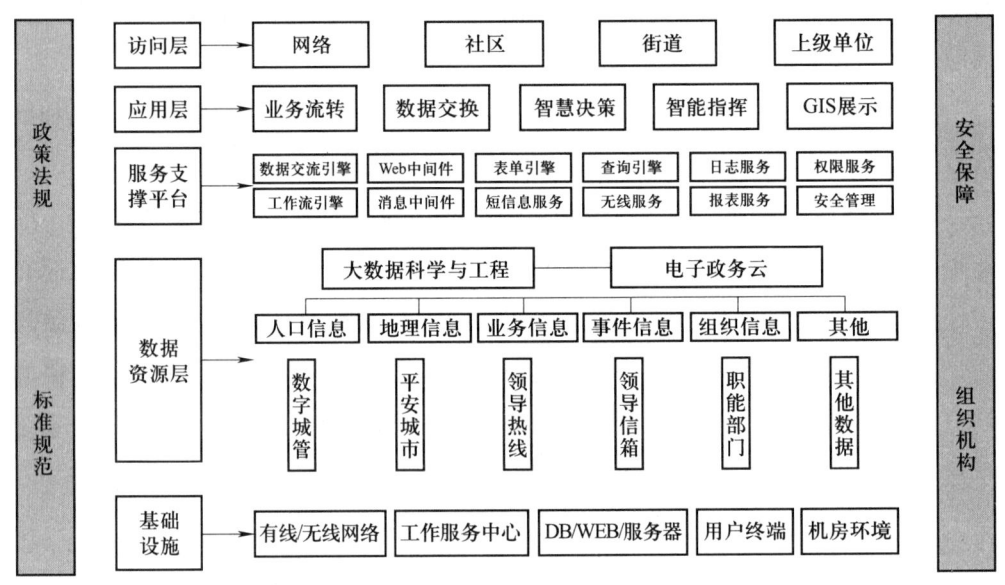

图3-3 网格化社会治理平台设计图

1）网格化社会治理平台主要包含两大建设任务。

①工作体系建设。建设"党委领导、政府负责、社会协同、公众参与、法治保障"的社会治理体系；健全机构、整合力量、完善制度，梳理社会管理业务目录，再造工作流程；创新基层组织工作机制，践行服务型政府建设理念，倡导居民自治的新风尚。

②信息化系统建设。建设网络化的"人、房、地、事、物、情、组织"信息采集、管理、协同系统；以信息化系统的方式建立丰富、通畅、快速响应的公众诉求渠道和有效的矛盾化解处理机制；采用移动化、主动化的信息技术支撑新型基层组织工作机制运行。

2）网格化社会治理平台采取"1+1+N+N"的解决方案。第一个"1"，是指一个中心，即以大数据为中心；第二个"1"，是指一个平台，以云平台为依存，建立社会治理平台，接受、处理、回复移动端上传的各类事件；第一个"N"，是指多终端，根据实际需求可以建设不同的终端，包括网格端、微信端、WEB端、大屏端等；第二个"N"，是指多应用，即在本平台上，基于大数据中心，可支持精准扶贫、智慧党建、政务服务、综治维稳、居家养老、智慧环卫等。

（2）网格化社会治理平台核心。

1）网格GIS地图。社区地图集成了电子地图、卫星地貌图、自建三维地图，可相互切换显示、层次递进；实现了以图找房、以房找人、以人找房的目标，人与住房信息关联精度到单元，改变了之前滞后的传统模式。

通过社区地图平台还可以掌握辖区所有人口居住信息、流动人口信息、楼房信息、企业门店信息、学校医院信息、特殊人群（闲散青少年、重型精神病人、吸毒人员、重点上访人员、危险品从业人员等）、帮扶人群、市政设施信息等在地图上的分布情况。

2）调度中心。建立调度指挥平台，通过智慧中心大屏幕，可以掌握网格员所在的位置以及网格员的轨迹，通过接入"天网"视频实时监控现场情况，为管理者决策分析提供数据支持，同时通过大屏幕可以直观地观看到周围的情况，调遣周边资源处理问题现场，提升社会治理的服务与管理能力。

3）党建管理平台。通过加强党建信息化手段，帮助辖区广大党员和群众及时便捷地掌握和了解全区基层党建工作动态，提升党建服务水平，形成集党务管理、党员管理、信息发布、党员服务为一体的工作平台。

4）网格化事件处理。将网格辖区内需要管理的任务通过"七步闭环流程"平台化，实现各级业务部门事件任务横向协调处置，纵向互联互通。如城市管理部件管理、实有人口服务管理、特殊人群服务管理、矛盾纠纷排查调处、治安管理整治、安全隐患排查等。

5）民情日志模块。将群众反映的问题一并纳入管理服务平台，跟踪督办，每一个问题都落实到专门办理单位，落实到责任人，将办理结果反馈中心，督促整改、考核，从而大大提高社区管理服务的效能。

6）突发应急。居民通过呼叫服务中心，反馈上报突发事件，应急指挥中心受理后，立即启动应急预案，呼叫和短信自动提醒相关责任部门，处理应急事件,指挥中心可以通过大屏幕调度周边资源,连接"天网"视频、实时了解现场情况,及时处理应急事件。

7)便民服务。通过系统开展各种帮代办服务。居民遇到困难如需支援,可一键拨号。指挥呼叫服务中心坐席人员接听电话后,能够了解到居民的姓名、属于哪类人群、家庭住址等。记录需要提供的服务,指挥呼叫中心便可下派专业人员进行服务。

8)考核评价。通过建立网络化的评估平台,实现评估指标的修订,评估材料的补充完善,评估打分和分析等工作的动态化、常规化,从而增加网格工作制度的参与性、宣传性和监督性。比如数据采集考核、事件处理考核、巡查考核、服务考核、问题响应考核、奖罚考核等。

9)分析研判。可视化研判分析应用体系,以现有的可视化大屏幕为硬件基础,以专题数据为资源基础,利用数据挖掘分析技术,建设可视化应用,动态展现基础信息、统计图表、异常分析、研判预警等信息。为业务管理人员全面了解业务以及高效决策提供应用支撑。

4. 网格员——治理的关键

(1)网格员的概念。网格化服务管理人员是一只庞大的队伍,统称为网格员,主要是指从事城市管理、社会治理和公共服务的网格管理人员。网格员承担着了解民情、转达民意、解决民生的职能职责,发挥着党委、政府与人民群众之间的桥梁纽带作用。

城市管理网格员是运用现代城市网络化管理技术,巡查、核实、上报、处置市政工程(公用)设施、市容环境、社会管理事务等方面的问题,并对相关信息进行采集、分析、处置的人员。

网格员是网格化城市治理模式中不可替代的城市感知反馈点,是网格化城市治理模式中的"神经末梢"。网格员受街道、社区和网格化服务管理中心的双重领导。

(2)网格员的岗位划分。

1)信息采集员。信息采集员是网格化服务管理中心组成人员,主要负责定期开展网格巡查,收集网格各种数据信息,并对网格内人、地、物、事、情、组织等数据进行录入、更新、维护和调用;对网格内民情和网格内存在的问题进行发现、核实、确认、上报,并将网格内各类问题做好先期处置;对网格内的各类情况和信息进行积累、分析、比对,并对反馈信息进行结案处置,做到基础工作信息化。

2）平台操作员。平台操作员是网格化服务管理中心组成人员，主要负责受理信息采集员、社会公众、各相关部门、各级领导等通过多种手段和渠道发现的城市管理部件、事件问题；负责对上报部件、事件问题的受理、审核、立案、批转、结案等工作。

①对于网格信息采集员上报的案件，经审核后进行立案。

②对于领导交办、市民举报、媒体曝光的案件，通知网格信息采集员核实后，再进行立案。

③对反馈已处置完毕的案件，通知网格信息采集员进行核查，核查结果属实则结案。

④对已立案的案件进行审核，确认权属，派发到责任单位。

⑤对各责任单位认为非权属范围退回的案件，重新确认权属，进行二次派发。

⑥对需要多个责任单位共同处理的案件进行协调，确认牵头责任单位。

⑦对各责任单位办理案件后填写的反馈单进行初审。

⑧协助完成各类数据统计。

⑨完成指挥中心交办的其他任务。

3）数据分析员。数据分析员是网格化服务管理中心组成人员，主要负责网格系统数据校验核对，进行较高级的数据统计和分析，为制定方案、决策等提供依据。同时，负责网格化服务管理中心及相关部门的业绩考核。

4）系统维护员。系统维护员是网格化服务管理中心组成人员，主要负责维护网格化信息管理平台及相关服务系统。清除系统运行中发生的故障和错误，满足新的需求，对系统进行必要的修改、完善与更新。同时也包括对数据、代码、硬件设备等进行维护。

5）网格管理员。网格管理员是网格化服务管理中心组成人员，主要负责对平台操作员不能准确判断是否可以立案或结案的问题及案件，进行最终决定和仲裁；负责对重大、疑难、突发性紧急问题和案件的办理；对专业处理部门办理的疑难案卷进行协调督办；对专业处理部门的缓办、延期申请进行审批；具有信息采集员、平台操作员的全部职权，负责对信息采集员、平台操作员工作的管理和日常考评。

网格管理员由社区干部（副书记或副主任）担任，一个网格配备1~2人。

对网格管理实行专职负责,是网格管理第一责任人。负责组织召开网格工作例会,组织其他网格力量做好各项工作,指导网格助理员工作。对网格信息采集员采集、排查的信息进行核实确认,对网格排查出的不稳定因素做好先期调处稳控工作,对街道职能科室(部门)和执法部门任务完成情况进行核实确认。

(3)网格员的工作职责。

1)综合信息采集。网格员要按照真实性、准确性、全面性、时效性的原则,及时有效地采集汇总网格内各类基础信息,以及社会治安、公共安全、城市治理、矛盾纠纷、问题隐患、市场监管、综合执法、环境保护、网络舆情、帮扶救助等特殊的动态信息,使之连成一张网,整合一个系统。

①全面采集并及时上报网格区域内人口、房屋、重点场所信息等人、地、物、事、情、组织的情况,并及时录入系统,做到底数准、情况清。

②根据各部门的职能、职责,分门别类采集并录入社会管理各项基础信息,做好动态掌握和情况反馈工作,通过移动终端提交变更信息,做到信息新、动向明。

③对采集、排查的各种信息和问题,由网格管理员汇总、甄别后,通过统一信息系统及相关的移动终端上报上级综合信息指挥室,进行基础信息更新和事件流转处理。积极推广移动终端工具,建立包括案件、业务知识、社区台账等基础业务的信息数据库,发动广大群众采集上报信息,推进建立多元参与基层治理工作的新模式。

2)社情民意收集。网格员是群众与政府间的沟通桥梁,应坚持入户走访联系群众,找准群众需求诉求,做到"知网格概况、知村民家情、知社情民意、知求助对象"。

①网格员应定期到网格走访巡查,及时从街谈巷议中收集社情民意、涉及社会政治稳定和治安稳定的各类信息,定期排查、分析社情动态和突出的治安问题,将收集、掌握的各类信息进行分类、分析、比对,切实做到相关工作信息化。

②网格员应掌握所辖区域内的社情民意,做好民情记录工作和信访稳定工作,认真梳理排查各种不稳定因素,对于重大社情民意,应找准根源并及时向有关职能部门反映,当好信访稳定工作的接待员。

③网格员应主动入户走访,做好网格居民与社区(村)管理站之间的信息沟通工作;反映居民的民生诉求,尤其是困难群体、特殊人群的需求;做好信

息登记上报和反馈工作，依法维护居民合法权益，解决居民生活难题，实现"人在格中走，事在格中办"。

3）社会治安巡防。网格员应定期巡查网格，协助各社区职能部门深入一线，防微杜渐，排查、整治、清理各类安全隐患，最大限度地预防和减少可防性案件的发生，同时使问题被发现在基层、解决在基层，保障群众生命财产安全与社会和谐稳定。

①网格员应协助指导开展治安群防群治工作，随时排查、掌握、上报治安、消防等公共安全隐患信息，做好预防、劝告、疏导、教育等工作，震慑违法犯罪活动，进而维护辖区的社会治安稳定。

②网格员应在网格内经常性开展社会治安、安全生产、道路交通安全、消防安全、环境安全、食品药品安全等安全隐患排查工作，会同有关部门抓好问题的整改落实，确保辖区的安全稳定。

③网格员应推进环境卫生整治工作，维护交通、治安、市场秩序，建立井然有序的公共秩序。

4）矛盾纠纷排查与化解。对网格内发生的矛盾纠纷，网格员应第一时间进行调解。将复杂矛盾纠纷及时上报，避免瞒报、漏报、迟报和上报虚假错误信息。各级网格化服务管理站应快速反应，及时分析研判，分流交办、协调处置突发情况，确保矛盾纠纷"化解得早、控制得住、解决得好"。

①网格员应借助网格化信息系统，及时有效地了解情况、掌握动态、解决问题，做到矛盾纠纷"早知道、早化解、早回复"，使社会管理更加安定有序，真正实现"小事不出格，大事不出村（社区）"。

②网格员应积极协助相关部门调解矛盾纠纷，主动开展网格内不稳定因素排查工作，分级、分类做好矛盾化解工作，对苗头性的问题就地进行简单高效的处理化解，力争做到"家庭琐事不出户、一般矛盾不出社区（村）、重点矛盾不出街道（乡镇）"，最大限度地把矛盾纠纷消除在网格内。

③网格员应将现场无法化解的矛盾纠纷及时录入系统，并将重大或突发事件第一时间上报。

5）重大事件发现处理与报告。网格员在日常工作中，对于各类风险与隐患事件应做到"早发现、早上报、早预警"。

①网格员应动态监控、多层次分析辖区网格化管理状况，开展网格化管理形势风险评估，实现重大事件研判预警。及时受理、处置群众诉求，协助做好

矛盾纠纷的防范、防控工作，配合职能部门开展执法行动。

②网格员应在日常巡查、信息采集工作中善于发现问题，并学会积极处理与社区管理、社会治安、城市运行相关的公共设施破损、违法建设、非法经营、安全生产、流动人口和出租房屋管理、水电气热故障等问题。对自身能独立处理的事件，自行处理并结案。

③网格员对于自身无法处理，需要上级部门或专业人员处理的紧急突发事件或重大问题，应按照"区分责任、分类处理"的原则及时报告相关部门或责任人，上报内容须准确完备，具体做到"四有"，即有事件发生的准确时间、有事件发生的详细地点、有事件的具体内容（或大致过程）、有事件处理的要求（或建议）。

6）特殊人群服务管理。服务特殊人群是网格员的基本职责之一。网格员应准确掌握网格内特殊人群的基础信息及情况动态变化，配合相关职能部门开展帮教服务工作，最大限度地将各种消极因素转变为积极因素，从源头上减少不和谐因素，提升服务社会的能力，营造安定祥和的社会氛围。特殊人群主要包括以下三类：

①弱势群体。主要是指因主客观原因导致经济条件差、社会地位低、在社会竞争中处于不利地位的人群，包括孤寡或留守老人、留守儿童、残疾人、未成年人、最低保障对象、下岗失业人员等。

②边缘人群。主要是指因社会流动或其他因素造成难以适应社会正常生产、生活的人群，包括外来流动人口、"两劳"释放人员、缓刑人员、严重精神障碍患者、艾滋病患者、吸毒人员、"问题"青少年等。

③优抚对象。主要是指现役军人家属、革命伤残军人、复员军人、因公牺牲军人家属、病故军人家属、现役军人家属、军队离退休干部等在内的优抚对象。

7）便民事务协管与代办。网格员应基于网格内群众诉求，提供各类党务、政务、居务、社会事务服务，以及水电安装、居家养老、文体娱乐、快递收发、医疗救助等便民服务，做好优抚救济、住房保障、城市管理、环境卫生、文化教育、消费维权等社会民生事务方面的法规宣传、信息反馈和公共服务代办等工作，使事关群众切身利益的问题得到及时解决，逐步实现"办事不出社区（村）"的目标。

①网格员应落实好"最多跑一次"代办员的职责，有事"即办"。关注弱势群体和困难群体，协助社区（村）做好网格内就业、低保、民生、优抚等工作。

要将各项服务工作的流程、需要准备的材料一次性告知居民，并及时受理居民所需的各类党务、政务、居务、社会事务、便民服务等工作业务。受理业务办理结束后，网格员要及时将办好的各种服务证件送达居民手中，扮演好社区居民的服务员和办事员角色。

②代办民生事项，网格员应熟悉掌握各项事务办理条件和流程，对优抚人员提供个性化便民服务，体现人性化关怀。主动为行动不便的老、弱、病、残、孕等特殊人群提供代购、代办、代跑等亲情上门服务，并做好代办记录。为下岗失业人员提供服务信息，推荐就业。

8）政策法律宣传。网格员应及时把中央的路线、方针、政策和省、市的重大决策宣传到所辖居民群体中，引导居民把上级的决策、决定变为自觉行动，当好落实党的路线方针政策的宣传员。

①宣传习近平新时代中国特色社会主义思想和党的路线、方针、政策、法律法规，加强以"知法、守法、用法"为核心的"法治"文化建设，加强"用道德去感化教育人"为主要方式的"德治"文化建设。

②代职能部门派发宣传资料，解答群众对相关政策的咨询，引导群众增强法治观念，自觉遵守行为规范，主动学法、守法、用法，帮助社区（村）加强公民道德宣传，提升辖区公民素养。

③做好网格员自我宣传工作，善于发现并及时树立推进网格化管理工作中的先进典型，提高居民对网格员的认知度和满意度，获取广大群众的支持和参与，进而推动社区民主自治。网格员应积极动员社区居民、社会单位、志愿者、市民劝导队等参与社会服务管理、开展社会公益活动、创建社会文明，形成和谐人人建、平安人人创、困难人人帮的社会环境。

9）文明生活引导。网格员应将文明创建工作当作经常性的工作任务来做，引导社区（村）居民开展移风易俗活动，提倡积极健康的生活方式，将创建"文明社区""文明楼栋""五好家庭"等活动演化为自觉行动，当好文明创建的传播员。

①网格员应积极引导辖区内居民改善人居环境和生产生活条件，着力解决"脏、乱、差"和铺张浪费等问题，着力推广科学、健康、文明的生活方式，打造"和谐宜居"的优良环境。

②网格员应协助和指导社区（村）开展群众文体活动、科学技术文化学习活动，丰富群众文化生活，提高群众的科学文化水平和精神文明程度。

③网格员应采取群众喜闻乐见的方式，组织发动群众开展"平安网格""平安家庭"等文明创建活动。督促网格内有关单位和组织开展平安创建活动，营造良好的社区（村）氛围。

六、网格化社会治理的七步闭环

1. 七步闭环工作机制

（1）网格化服务管理平台。基于计算机软硬件和网络环境，集成地理空间框架数据、单元网格数据、管理部件数据、地理编码数据等多种数据资源，通过多部门信息共享、协同工作，实现对城市市政工程设施、市政公用设施、市容环境与环境秩序监督管理的一种综合集成化的信息系统。

（2）监督中心。按照城市市政综合监管需求，实现城市监管问题信息收集、审核立案、核查结案及管理绩效综合评价等职能的单位。

（3）指挥中心。按照数字化城市管理的监管需求，实现城市管理案件对专业部门的派遣、协调督办，以及处置结果反馈等职能的单位。

（4）专业部门。管理部件和事件问题的主管部门，部件的权属单位、养护单位和作业单位。

（5）市级部门。管理市属部件的专业部门。如果市属部件发生问题，指挥中心将交由设施办统一协调市级专业部门进行处理。

（6）绩效评价。按照设置的评价指标，对区域、专业部门和岗位工作业绩进行评价。

2. 七步闭环工作流程（见图3-4）

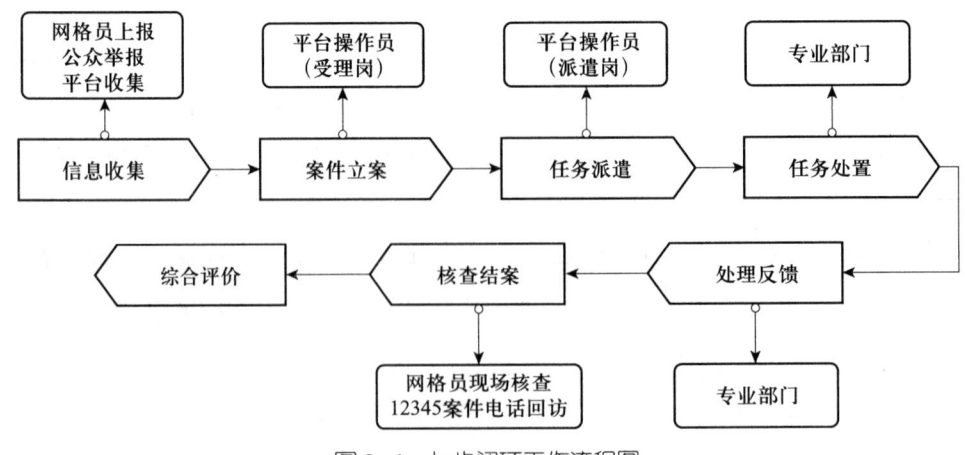

图3-4 七步闭环工作流程图

（1）信息收集。信息来源包括网格员上报、公众举报、自动采集三种途径。

1）网格员上报。网格员在所负责的网格内发现入格问题后，通过信息采集器及时上报网格化服务管理平台。上报内容包括位置、图片、表单、录音等信息。

2）公众举报。公众举报即监督举报，是指公众可以通过电话、互联网、媒体、自媒体、物联网、领导批示和信访等方式向网格化服务管理平台反映城市管理、社会治理、公共服务等问题。

3）自动采集。网格中心有专门负责通过监控视频发现城市管理、社会治理、公共服务等问题并进行上报的平台操作员。有条件的城市，可通过自动信息采集技术发现问题，自动上报网格化服务管理平台。自动信息采集技术包括物联网感知、智能视频识别和基于人工智能技术发现的问题。

（2）案件立案。立案阶段的受理工作时限不应超过规定的立案时间。部件、事件的立案条件都应符合相应规定。平台操作员（受理岗）应审核所接收的问题信息，受理员登记完成后，进行审核立案。对不符合立案条件的做不立案处理并说明原因；对符合立案条件的，立案后批转到派遣阶段。

（3）任务派遣。派遣员接收案件后，派遣至相关的专业部门进行处置。任务派遣遵循"属地原则"与"属主原则"，平台派遣员按照相关工作规范要求，将工作表单派送到专业部门（职能单位或处置单位）。

（4）任务处置。各协同处置的专业部门按照网格化服务管理平台的指令完成案件处置，并将处理结果及时反馈回网格化服务管理平台。平台根据相关工作要求对案件的处理过程进行督促管理。

（5）处理反馈。处置单位在问题处理完毕之后，向网格化服务管理平台进行反馈，在平台收到处置反馈的案件后，受理员会及时将案件发给网格员进行核查，确认是否完成，针对热线上报的案件，要进行电话回访确认是否完成。

（6）核查结案。收到反馈处置结果的案件在结案前，应由网格管理员进行现场核查（热线案件电话回访）。待网格员报送核查结果后，网格管理服务平台比对核查信息与处置信息，两者一致时予以结案，否则重新派遣处置。网格员现场核查的工作时限宜根据不同案件分别确定。结案阶段的受理工作时限不应超过规定的受理时限。

（7）综合评价。网格化服务管理中心按照政府赋予的职能，依据相关国家标准对网格区域、专业部门、岗位人员的履职情况和工作绩效进行考核评价。

3. 网格化七步闭环机制的优点

（1）七步闭环机制建立的闭环管理流程，实现了精确、敏捷、高效、全时段监控、全方位覆盖的管理模式，进一步明确了管理空间、管理对象、管理方式和管理主体，是管理思想、管理理念、管理技术和管理体制的整合与创新。

（2）建立闭环业务流程。对社会管理问题从发现、立案到派遣、处置，从处置情况反馈到核查结案，规定了全流程各环节、各岗位的工作职责及操作规范，使之履职尽责，做到"件件有结果，事事有回音"。横向到边，纵向到底，不留死角。

（3）七步闭环机制的建立，使政府做到对城市管理的问题心中有数、统一调度、科学管理，减少了中间环节和管理层级，实现了管理组织结构的扁平化，使市民群众反映城市管理问题有了"直通车"，问题得到迅速解决，大大提高了办事效率。

培训课程 3

网格化社会治理下的基层治理

一、基层治理的概念

2020年8月24日,习近平总书记在主持召开经济社会领域专家座谈会时指出:"要完善共建共治共享的社会治理制度,实现政府治理同社会调节、居民自治良性互动,建设人人有责、人人尽责、人人享有的社会治理共同体。要加强和创新基层社会治理,使每个社会细胞都健康活跃,将矛盾纠纷化解在基层,将和谐稳定创建在基层。要更加注重维护社会公平正义,促进人的全面发展和社会全面进步。"

基层是社会治理的基础,国家治理现代化离不开基层治理现代化。城市的社区治理、农村的村落治理,都属于基层治理范畴。基层治理是国家治理的基石,统筹推进乡镇(街道)和城乡社区治理,是实现国家治理体系和治理能力现代化的基础工程。

基层治理是在乡镇(街道)和城乡社区的日常公共事务应对过程中,基层党组织、政府、社会组织、个人等主体,在党组织的领导下以协同合作的方式有效调处公共事务、实现公共利益最大化的过程。作为一种新方式,基层治理意味着对基层公共事务的应对将从简单的管控走向党组织领导下多元主体的协同互动。

二、基层社会治理与基层政府治理

1. 共同点

基层社会治理与基层政府治理都是对基层公共事务的治理。

2. 不同点

（1）治理主体不同。基层社会治理的主体强调的是社会力量，基层政府治理的主体是政府。基层社会治理需要政府的支持和引导，但更多强调的是社会力量的参与，而不是政府直接治理，更不是"包办代替"。

（2）治理对象不同。从治理对象看，基层政府治理主要涉及政府职能范围内的事项，而基层社会治理主要是社会领域的事务，两者有交叉但侧重点不同。

因此，基层社会治理具有很强的社会性和自治性，需要在党组织领导下实行自治、法治、德治相结合。基层社会治理的特点是直接面对群众，事务琐碎复杂甚至艰巨繁重，是社会治理的基础和重心。

三、基层治理的范畴

2021年4月28日，中共中央、国务院出台《关于加强基层治理体系和治理能力现代化建设的意见》，提出力争用五年时间，建立起党组织统一领导、政府依法履责、各类组织积极协同、群众广泛参与，自治、法治、德治相结合的基层治理体系，健全常态化管理和应急管理动态衔接的基层治理机制，构建网格化管理、精细化服务、信息化支撑、开放共享的基层管理服务平台；党建引领基层治理机制全面完善，基层政权坚强有力，基层群众自治充满活力，基层公共服务精准高效，党的执政基础更加坚实，基层治理体系和治理能力现代化水平明显提高。

1. 完善党全面领导基层治理的制度

加强党的基层组织建设，健全基层治理党的领导体制。构建党委领导、党政统筹、简约高效的乡镇（街道）管理体制。完善党建引领的社会参与制度。

2. 加强基层政权治理能力建设

（1）增强乡镇（街道）行政执行能力。加强乡镇（街道）党（工）委对基层政权建设的领导。依法赋予乡镇（街道）综合管理权、统筹协调权和应急处置权，强化其对涉及本区域重大决策、重大规划、重大项目的参与权和建议权。根据本地实际情况，依法赋予乡镇（街道）行政执法权，整合现有执法力量和资源。推行乡镇（街道）行政执法公示制度，实行"双随机、一公开"监管模式。优化乡镇（街道）行政区划设置，确保管理服务有效覆盖常住人口。

（2）增强乡镇（街道）为民服务能力。市、县级政府要规范乡镇（街道）政务服务、公共服务、公共安全等事项，将直接面向群众、乡镇（街道）能够承接的服务事项依法下放。乡镇要围绕全面推进乡村振兴、巩固拓展脱贫攻坚成果等任务,做好农业产业发展、人居环境建设及留守儿童、留守妇女、留守老人关爱服务等工作。街道要做好市政市容管理、物业管理、流动人口服务管理、社会组织培育引导等工作。加强基层医疗卫生机构和乡村卫生健康人才队伍建设。优化乡镇(街道)政务服务流程,全面推进一窗式受理、一站式办理,加快推行市域通办,逐步推行跨区域办理。

(3)增强乡镇(街道)议事协商能力。完善基层民主协商制度,县级党委和政府围绕涉及群众切身利益的事项确定乡镇(街道)协商重点,由乡镇(街道)党(工)委主导开展议事协商,完善座谈会、听证会等协商方式,注重发挥人大代表、政协委员作用。探索建立社会公众列席乡镇(街道)有关会议制度。

(4)增强乡镇(街道)应急管理能力。强化乡镇(街道)属地责任和相应职权,构建多方参与的社会动员响应体系。健全基层应急管理组织体系,细化乡镇(街道)应急预案,做好风险研判、预警、应对等工作。建立统一指挥的应急管理队伍,加强应急物资储备保障。每年组织开展综合应急演练。市、县级政府要指导乡镇(街道)做好应急准备工作,强化应急状态下对乡镇(街道)人、财、物支持。

(5)增强乡镇(街道)平安建设能力。坚持和发展新时代"枫桥经验",加强乡镇(街道)综治中心规范化建设,发挥其整合社会治理资源、创新社会治理方式的平台作用。完善基层社会治安防控体系,健全防范涉黑涉恶长效机制。健全乡镇(街道)矛盾纠纷一站式、多元化解决机制和心理疏导服务机制。

3. 健全基层群众自治制度

(1)加强村(居)民委员会规范化建设。坚持党组织领导基层群众性自治组织的制度,建立基层群众性自治组织法人备案制度,加强集体资产管理。规范撤销村民委员会改设社区居民委员会的条件和程序,合理确定村(社区)规模,不盲目求大。发挥村(居)民委员会下设的人民调解、治安保卫、公共卫生等委员会作用,村民委员会应设妇女和儿童工作等委员会,社区居民委员会可增设环境和物业管理等委员会,并做好相关工作。完善村(居)民委员会成员履职承诺和述职制度。

(2)健全村(居)民自治机制。强化党组织领导把关作用,规范村(居)民委员会换届选举,全面落实村(社区)"两委"班子成员资格联审机制,坚决防止政治上的两面人,受过刑事处罚、存在"村霸"和涉黑涉恶及涉及宗族恶势力等问题人员,非法宗教与邪教的组织者、实施者、参与者等进入村(社区)"两委"班子。在基层公共事务和公益事业中广泛实行群众自我管理、自我服务、自我教育、自我监督,拓宽群众反映意见和建议的渠道。聚焦群众关心的民生实事和重要事项,定期开展民主协商。完善党务、村(居)务、财务公开制度,及时公开权力事项,接受群众监督。强化基层纪检监察组织与村(居)务监督委员会的沟通协作、有效衔接,形成监督合力。

(3)增强村(社区)组织动员能力。健全村(社区)"两委"班子成员联系群众机制,经常性开展入户走访。加强群防群治、联防联治机制建设,完善应急预案。在应急状态下,由村(社区)"两委"统筹调配本区域各类资源和力量,组织开展应急工作。改进网格化管理服务,依托村(社区)统一划分综合网格,明确网格管理服务事项。

(4)优化村(社区)服务格局。市、县级政府要规范村(社区)公共服务和代办政务服务事项,由基层党组织主导整合资源为群众提供服务。推进城乡社区综合服务设施建设,依托其开展就业、养老、医疗、托幼等服务,加强对困难群体和特殊人群关爱照护,做好传染病、慢性病防控等工作。加强综合服务、兜底服务能力建设。完善支持社区服务业发展政策,采取项目示范等方式,实施政府购买社区服务,鼓励社区服务机构与市场主体、社会力量合作。开展"新时代新社区新生活"服务质量提升活动,推进社区服务标准化。

4. 推进基层法治和德治建设

(1)推进基层治理法治建设。提升基层党员、干部法治素养,引导群众积极参与、依法支持和配合基层治理。完善基层公共法律服务体系,加强和规范村(居)法律顾问工作。乡镇(街道)指导村(社区)依法制定村规民约、居民公约,健全备案和履行机制,确保符合法律法规和公序良俗。

(2)加强思想道德建设。培育践行社会主义核心价值观,推动习近平新时代中国特色社会主义思想进社区、进农村、进家庭。健全村(社区)道德评议机制,开展道德模范评选表彰活动,注重发挥家庭家教家风在基层治理中的重要作用。组织开展科学常识、卫生防疫知识、应急知识普及和诚信宣传教育,深入开展爱国卫生运动,遏制各类陈规陋习,抵制封建迷信活动。

(3)发展公益慈善事业。完善社会力量参与基层治理激励政策,创新社区与社会组织、社会工作者、社区志愿者、社会慈善资源的联动机制,支持建立乡镇（街道）购买社会工作服务机制和设立社区基金会等协作载体，吸纳社会力量参加基层应急救援。完善基层志愿服务制度，大力开展邻里互助服务和互动交流活动，更好地满足群众需求。

四、网格化模式基层治理的方法

1. 做好规划建设

市、县级政府要将乡镇（街道）、村（社区）纳入信息化建设规划，统筹推进智慧城市、智慧社区基础设施、系统平台和应用终端建设，强化系统集成、数据融合和网络安全保障。健全基层智慧治理标准体系，推广智能感知等技术。

2. 整合数据资源

实施"互联网＋基层治理"行动，完善乡镇（街道）、村（社区）地理信息等基础数据，共建全国基层治理数据库，推动基层治理数据资源共享，根据需要向基层开放使用。完善乡镇（街道）与部门政务信息系统数据资源共享交换机制。推进村（社区）数据资源建设，实行村（社区）数据综合采集，实现一次采集、多方利用。

3. 拓展应用场景

加快全国一体化政务服务平台建设，推动各地政务服务平台向乡镇（街道）延伸，建设开发智慧社区信息系统和简便应用软件，提高基层治理数字化智能化水平，提升政策宣传、民情沟通、便民服务效能，让数据多跑路、群众少跑腿。充分考虑老年人习惯，推行适老化和无障碍信息服务，保留必要的线下办事服务渠道。

培训课程 4

网格化社会治理下的公共服务

一、公共服务的概述

1. 公共服务的来源

"公共服务"一词最早可追溯至19世纪末20世纪初的西方。早期的公共服务与政府职能、公共权力、公共需要、社会福利等紧密相连,其内涵归属于政治学和法学学科。当时,英法等资本主义国家深陷社会矛盾与冲突,政府只有通过改善社会福利来缓和社会矛盾,作为政府职能和社会福利的"公共服务"因此受到理论界关注。法国公法学派狄骥指出,任何因其与社会团结的实现和促进不可分割而必须由政府来加以规范和控制的活动都是一项公共服务。

2. 我国公共服务建设的概况

21世纪初期,"公共服务"开始进入我国。党的十七大正式提出"加快行政管理体制改革,建设服务型政府",这个时期的公共服务是指政府实施公共事务管理的全过程、全方位。

2022年1月10日,国家发改委等21个部门印发了《"十四五"公共服务规划》(以下简称《规划》)。《规划》明确指出我国到2025年公共服务制度体系更加完善,政府保障基本、社会多元参与、全民共建共享的公共服务供给格局基本形成,民生福祉达到新水平。基本公共服务均等化水平明显提高,普惠性非基本公共服务实现提质扩容,逐步实现幼有善育、学有优教、劳有厚得、病有良医、老有颐养、住有宜居、弱有众扶。生活服务高品质多样化升级。

3. 公共服务的概念

从公共管理学的角度出发，公共服务是指政府及其公共部门运用公共权力，通过多种机制和方法的灵活运用，以回应社会公众差异性需求的活动过程。

4. 公共服务的特征

（1）以公共利益为目标。政府是基于公共需求而产生的，提供公共服务不仅是服务型政府的固有职能，也是其职责所在。因此，政府所提供的公共服务必须是以公共利益为目标和导向的。如政府提供国防是基于民众对公共安全的共同需要，是公共利益的体现。

（2）对象的非特定性。公共服务一定是以社会大众为服务对象，而不是服务于某个具有私益目的的特殊对象。公共服务的对象具有非特定性，其可能是某个团体或很多个团体，或一定范围内的所有民众。如城市消防的服务对象就是所有的市民。

（3）主体是公共部门、主要是政府。由于在公共物品的供给领域存在着市场失灵，提供公共物品就成为政府责任。政府必须利用公共权力和公共资源，向大众提供公共物品和服务。如在大多数国家，公共卫生、义务教育等公共服务都是由政府来提供的。

（4）服务内容的基本性、广泛性和多样性。公共服务满足的是大众的最基本需求，而对象的非特定性也决定了公共需求必然是广泛和多样化的。因此，公共服务的内容具有基本性、广泛性和多样性的特点。

二、公共服务的范畴

狭义的公共服务不包括国家所从事的经济调节、市场监管、社会管理等一些职能活动，即凡属政府的行政管理行为、维护市场秩序和社会秩序的监管行为，以及影响宏观经济和社会整体的操作性行为，都不属于狭义公共服务。因为，这些政府行为的共同点，是它们都不能使公民的某种具体的直接需求得到满足。

公民作为人，有衣食住行、生存、生产、生活、发展和娱乐的需求。这些需求可以称作公民的直接需求。至于宏观经济稳定、市场秩序和社会秩序等则是公民的间接需求，不是满足公民特定的直接需求。

公共服务满足公民生活、生存与发展的某种直接需求，能使公民受益或享受。例如，教育是公民及其被监护人，即他们的子女所需要的，他们可以从受教育中得到某种满足，并有助于他们的人生发展。如果教育过程中使用了公共权力或公共资源，就属于教育公共服务。但是，如执法、监督、税收、登记注册以及处罚等政府行为，虽然也同公民发生关系，也是公民从事经济发展与社会发展所必需的政府工作，但这些类别的公共活动却并不是在满足公民的某种直接需求，公民也不会从中感到享受，只是公民活动的间接公共需求的满足，所以类似的政府行为都不是公共服务。

1. 根据公共服务的内容和形式划分

公共服务包括基础公共服务、经济公共服务、公共安全服务、社会公共服务四方面内容。

（1）基础公共服务。基础公共服务是指通过国家权力介入或公共资源投入，为公民及其组织提供从事生产、生活、发展和娱乐等活动都需要的基础性服务，如提供水、电、气，交通与通信基础设施，邮电与气象服务等。

（2）经济公共服务。经济公共服务是指通过国家权力介入或公共资源投入，为公民及其组织即企业从事经济发展活动所提供的各种服务，如科技推广、咨询服务以及政策性信贷等。

（3）公共安全服务。公共安全服务是指通过国家权力介入或公共资源投入，为公民提供的安全服务，如军队、警察和消防等方面的服务。

（4）社会公共服务。社会公共服务是指通过国家权力介入或公共资源投入，为满足公民的社会发展活动的直接需要所提供的服务。社会发展领域包括教育、科学普及、医疗卫生、社会保障以及环境保护等领域。社会公共服务是为满足公民的生存、生活、发展等社会性直接需求，如公办教育、公办医疗、公办社会福利等。

2. 根据公共服务供给的权责划分

公共服务包括基本公共服务、非基本公共服务两大类。

（1）基本公共服务。基本公共服务是保障全体人民生存和发展基本需要、与经济社会发展水平相适应的公共服务，由政府承担保障供给数量和质量的主要责任，引导市场主体和公益性社会机构补充供给。

（2）非基本公共服务。非基本公共服务是为满足公民更高层次需求、保障社会整体福利水平所必需但市场自发供给不足的公共服务，政府通过支持公益性社会机构或市场主体，增加服务供给、提升服务质量，推动重点领域非基本公共服务普惠化发展，实现大多数公民以可承受价格付费享有。

此外，为满足公民多样化、个性化、高品质服务需求，一些完全由市场供给、居民付费享有的生活服务，可以作为公共服务体系的有益补充，政府主要负责营造公平竞争的市场环境，引导相关行业规范可持续发展，做好生活服务与公共服务衔接配合。

三、《国家基本公共服务标准（2021版）》

2021年4月20日，国家发展改革委等21个部门发布了《国家基本公共服务标准（2021年版）》，从幼有所育、学有所教、劳有所得、病有所医、老有所养、住有所居、弱有所扶、优军服务保障、文体服务保障9个方面明确了国家基本公共服务具体保障范围和质量要求。《国家基本公共服务标准（2021年版）》摘要见表3-3。

表3-3 《国家基本公共服务标准（2021年版）》摘要

类别	核心内容
幼有所育	优孕优生服务、儿童健康服务、儿童关爱服务
学有所教	学前教育助学服务、义务教育服务、普通高中助学服务、中等职业教育助学服务
劳有所得	就业创业服务、工伤失业保险服务
病有所医	公共卫生服务、医疗保险服务、计划生育扶助服务
老有所养	养老助老服务、养老保险服务
住有所居	公租房服务、住房改造服务
弱有所扶	社会救助服务、公共法律服务、扶残助残服务
优军服务保障	优军优抚服务
文体服务保障	公共文化服务、公共体育服务

四、网格化模式的公共服务

《中共中央关于坚持和完善中国特色社会主义制度　推进国家治理体系和治理能力现代化若干重大问题的决定》提出："必须坚持一切行政机关为人民服务、对人民负责、受人民监督，创新行政方式，提高行政效能，建设人民满意的服务型政府。"

2022年10月16日，党的二十大报告中明确指出，要着力解决好人民群众急难愁盼问题，健全基本公共服务体系，提高公共服务水平，增强均衡性和可及性，扎实推进共同富裕。健全就业公共服务体系、健全社会保障体系，完善社会治理体系。

随着服务型政府理念的不断深化拓展，基层治理更多强调"服务性"而降低其"管控性"。新时代的基层治理更加突出"以人民为中心"的发展理念,力图通过基本公共服务的有效供给不断满足人民群众的美好生活需要。

1. 基于《城乡社区网格化服务管理规范》要求的公共服务

在《城乡社区网格化服务管理规范》(GB/T 34300—2017)的功能定位中,明确提出网格员要参与做好社会心理服务、疏导和危机干预,以及开展公共服务代办。

(1)参与做好社会心理服务、疏导和危机干预。及时掌握网格内居民的心理健康状况,对矛盾突出、生活失意、心态失衡、行为失常人群及性格偏执人员加强人文关怀和跟踪帮扶,并协同有关部门依靠专业力量开展心理辅导、心理危机干预等。

(2)公共服务代办。可以结合实际,协同省、市、县三级政务服务中心以及乡镇(街道)便民服务中心、城乡社区综合服务中心(站)等政务服务平台,在劳动就业、社会保险、社会救助、社会福利、计划生育等方面,为网格内的居民群众提供高效便捷的综合服务。

2. 网格化管理与基本公共服务结合的措施

(1)接诉即办工作机制。2018年12月15日,在北京市委的直接推动下,北京合并68个服务窗口热线,推出"12345"新市民热线,开启了接诉即办这项服务工作,见表3-4。

表3-4 "12345"新市民热线

整合的热线资源	整合为新市民热线	打造网上平台
12315(消费者投诉举报) 12316(农业公益服务) 12320(卫生热线) 12329(公积金热线) 12330(知识产权维权) 12336(国土资源举报) 12350(安全生产举报投诉) 12369(环境保护举报) 96119(火灾隐患举报) 96156(社区公共服务) 68056070(市规划举报热线) 68317307(市公安交管局对外服务热线)	12345	"人民网"领导留言板 国家政务服务投诉与建议微信小程序 国办互联网+督查平台 政务微博 政务头条号 手机App ……

2019年1月1日起，北京市全面引入基于12345群众热线诉求的新型绩效考核体系，将基于热线民意大数据的响应率、解决率和满意率，与政府绩效考核"指挥棒"挂钩，直接关系各级部门"一把手"的职业晋升。这样就使各级官员从"眼睛向上""对上负责"转变为"眼睛向下""向下负责"，在积极回应民意的同时还要深入群众，与群众打成一片，带来了社会治理模式的根本性创新。北京市建立接诉即办制度，围绕"七有""五性"，坚持党建引领"街乡吹哨、部门报到"接诉即办，及时回应人民群众急难愁盼问题，为公众参与社会治理和公共政策制定提供信息渠道和有效途径。

2019年以来，北京建立以12345热线及其网络平台为主渠道的"接诉即办"机制，面向广大市民、企业和在京外籍人士提供"7×24小时"不下班服务，百姓只需记住并拨打"12345"一个号码，"急难愁盼"问题就会得到快速响应、高效办理和及时反馈。

随着北京市接诉即办工作机制不断在基层社会治理中取得良好效果，全国各地纷纷效仿，建立了"网格+接诉即办""热线+网格"的治理机制，提升了基层公共服务质量与水平。

（2）组团式服务。组团式服务是根据网格划分，按照对等方式整合公共服务资源，组织服务团队，对网格内的居民实行多元化、精细化、个性化服务。"网格化管理、组团式服务"，就是依托信息网络技术建成的一套比较精细、准确、规范的综合管理服务系统，政府通过这一系统整合，为辖区内的居民提供主动、高效、有针对性的服务，从而提高公共管理、综合服务的效率。

《民政部关于在全国推进城市社区建设的意见》中提出，社区提供社会服务的"四个面向"——面向老年人、儿童、残疾人、社会贫困户、优抚对象的社会救助和福利服务；面向社区居民的便民利民服务；面向社区单位的社会化服务；面向下岗职工的再就业服务和社会保障社会化服务。因此，要以居民的公共服务需求为导向进行网格的划分和优化配置。特别是大规模增加教育、医疗、看护等功能性网格员的设置，为居民提供多元化的高质量公共产品。同时，需要重视网格员的职业培训，完善激励机制，明确网格员的职能和身份属性，探索建立专职网格员的职业上升通道和所有网格员的薪酬待遇增长机制，保障网格员工作的主动性和积极性。

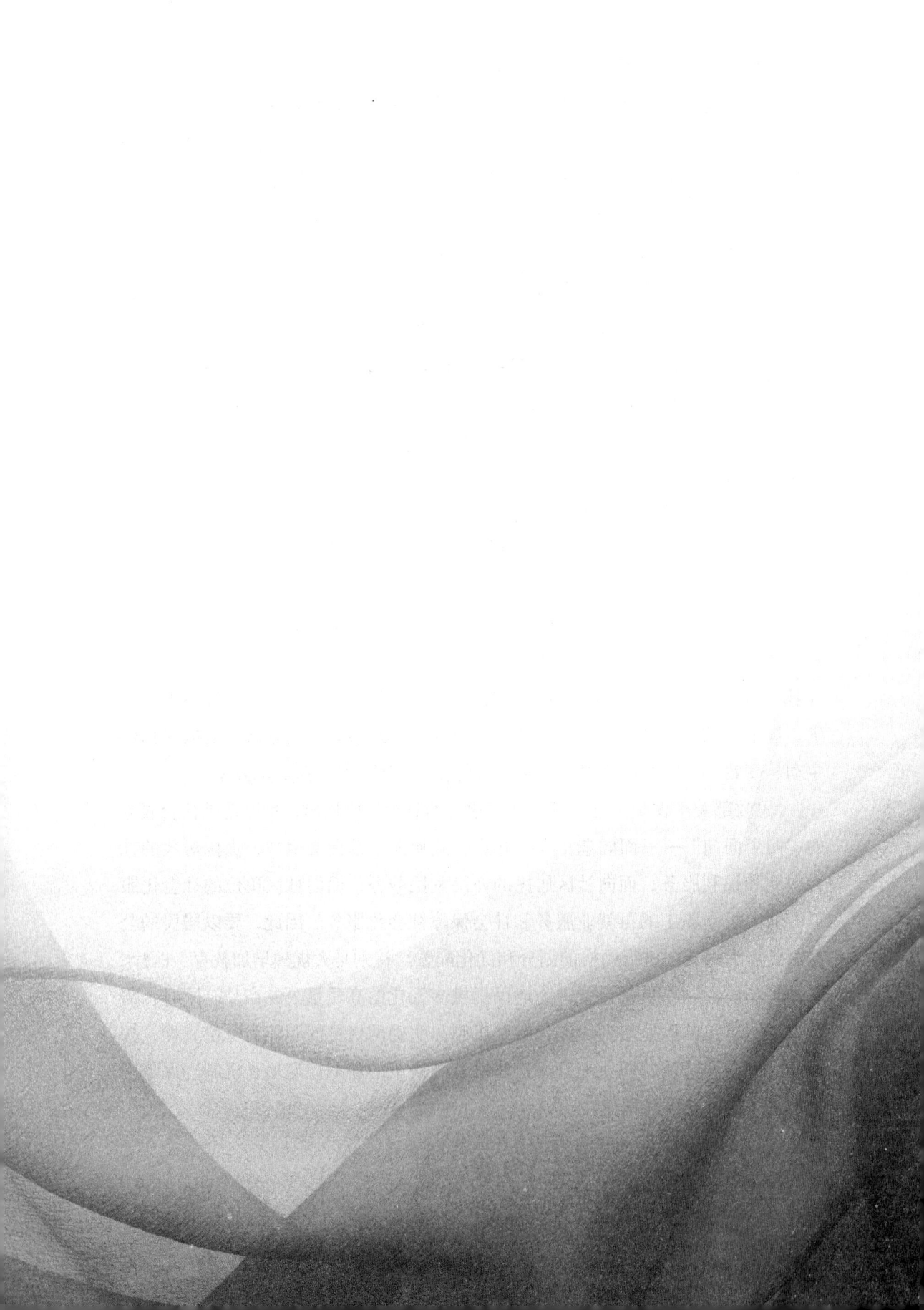

职业模块 ❹
网格化安全环保

培训课程 1

网格化生产安全

"十四五"规划明确提出，我国要统筹发展和安全，建设更高水平的平安中国。坚持总体国家安全观，实施国家安全战略，维护和塑造国家安全，统筹传统安全和非传统安全，把安全发展贯穿国家发展各领域和全过程，防范和化解影响我国现代化进程的各种风险，筑牢国家安全屏障。要全面提高公共安全保障能力，坚持人民至上、生命至上，健全公共安全体制机制，严格落实公共安全责任和管理制度，保障人民生命安全。

网格员作为基层社会治理过程中的基层力量，需要知晓我国国家安全观，树立安全意识，掌握社会经济与发展建设各领域、各层面的安全常识，从而更好地履行网格化安全环保相关职责。

一、生产安全的概念

根据现代系统安全工程的观点，生产安全是指在社会生产活动中，通过人、机、物料、环境的和谐运作，使生产过程中潜在的各种事故风险和伤害因素始终处于有效控制状态，切实保护劳动者的生命安全和身体健康。

生产安全是生产与安全的统一，其宗旨是安全促进生产，生产必须安全。搞好安全工作，改善劳动条件，可以调动职工的生产积极性；减少职工伤亡，可以减少劳动力的损失；减少财产损失，可以增加企业效益，促进生产的发展。而生产必须安全，则是因为安全是生产的条件，没有安全就无法生产。

二、生产安全事故的概念及等级

1. 生产安全事故的概念

生产安全事故是指在生产经营活动中发生的因人的不安全行为、物的不安全状态、环境的不良或管理欠缺而造成的人员伤亡或经济损失。

2. 生产安全事故的等级

2007年6月1日施行的《生产安全事故报告和调查处理条例》，根据生产安全事故（以下简称事故）造成的人员伤亡或者直接经济损失，事故一般分为以下等级：

（1）特别重大事故。特别重大事故是指造成30人以上死亡，或者100人以上重伤（包括急性工业中毒，下同），或者1亿元以上直接经济损失的事故。

（2）重大事故。重大事故是指造成10人以上30人以下死亡，或者50人以上100人以下重伤，或者5 000万元以上1亿元以下直接经济损失的事故。

（3）较大事故。较大事故是指造成3人以上10人以下死亡，或者10人以上50人以下重伤，或者1 000万元以上5 000万元以下直接经济损失的事故。

（4）一般事故。一般事故是指造成3人以下死亡，或者10人以下重伤，或者1 000万元以下直接经济损失的事故。

上述所称的"以上"包括本数，所称的"以下"不包括本数。

三、生产安全的具体内容

1. 安全生产管理

安全生产管理主要包括安全生产法律法规、安全生产管理组织机构和人员、安全生产责任制、安全生产操作规程、安全生产教育与培训、安全生产监督检查、安全生产资金投入、奖励与处罚等。

2. 安全技术

安全技术主要包括机械设备伤害预防、车辆伤害预防、电气伤害预防、火灾预防、有毒有害气体预防、地理、气候等自然因素伤害的预防、化学性灼伤、烫伤的防护、安全防护装置、保险装置、信号装置、检测装置的设置等。

3. 劳动卫生

劳动卫生主要是防止职业病、职业中毒和物理伤害，确保劳动者的身心健康。例如，低温、高温等异常条件下作业健康的防护，高频、微波、紫外线等放射线物质对员工健康危害的防护，静电危害与预防，预防控制噪声对员工听觉系统的危害，防止强光和照明不足对员工视觉的危害。

4. 工作时间和休息休假管理

工作时间和休息休假管理主要是执行国家有关工作时间、休息时间的规定；

执行国家有关年度休假和探亲假规定，严格限制加班加点等。

四、生产安全管理的概念

生产安全管理就是针对人们在生产过程中的安全问题，运用有效的资源，发挥人们的智慧，通过人们的努力，进行有关决策、计划、组织和控制等活动，实现生产过程中人与机器设备、物料、环境的和谐，达到安全生产的目标。

五、生产安全网格化管理概念

生产安全网格化管理主要以实现"大安全"为目的，整合政府部门、社会、企事业单位以及群众的力量，依托一个整体有序的管理体系，以生产经营单位为单元网格，基于属地管理和分级管理的原则，建立一种交叉和有机组合之间的监督管理单元网格的形式相互补偿，使有效网格之间的信息交换和资源共享，构建全方位监管网络，实现对内部资源的统一，提升安全管理水平。

六、生产安全网格化管理目的

基层安全生产网格化管理是指将乡镇（街道）及以下的安全生产监管区域划分成若干网格单元，既厘清单元内每个监督管理对象负有安全生产监督管理职责的部门，又明确单元内每个监督管理对象对应的安全生产网格管理员，通过加强信息化管理，实现负有安全生产监督管理职责的部门与网格员的互联互通、互为补充、有机结合。

基层安全生产网格化监管是现有安全生产监管工作的延伸，充分发挥网格员的"信息员"和"宣传员"等作用，有利于协助负有安全生产监督管理职责的部门实现对基层安全生产工作的动态监管、源头治理和前端处理。

七、生产安全网格化管理模式

1. 依托大数据平台，实现数据互联互通

通过将安全生产网格化纳入城乡社区网格化服务管理体系，提高基层安全生产监管的精细化、信息化和社会化水平，提升安全生产防控能力，完善安全管理机制和框架，落实安全生产管理责任，构建齐抓共管的安全生产监管工作格局。

2. 科学划分生产安全网格，实现精细化管理、精准化服务

生产安全网格化划分应依托已有的网格，注重条块结合，合理匹配监管任

务与监管力量。

【以河北省石家庄为例】

按照安全生产"党政同责、一岗双责、齐抓共管、失职追责""三个必须"和分级分类监管要求，河北省石家庄市明确县级领导责任片区，行业主管部门和乡镇（街道）、村（社区）分别落实责任人，按照"定区域、定人员、定责任、定任务"的要求，建立行业包线、区域包块责任制，共同负责抓好网格内的安全生产监管工作。

县级政府为第一级网格，根据辖区实际情况，进行网格划分；各乡镇（街道）、工业园区（聚集区）和各类开发区为第二级网格；各村（社区）为第三级网格；县级行业主管部门以本系统及直属企事业单位为单元，划分行业网格。

各级各部门、各单位结合实际制定本单位网格化安全管理实施方案，编制网格化安全管理区域图。区域图按照危险程度由高到低对各级各类网格标注红、橙、黄、蓝等不同颜色，并标明每个网格位置、区域范围、安全管理责任人、重点监管单位等基本情况。

3. 建立生产安全网格化服务管理工作机制

【以浙江诸暨为例】

（1）管理巡查制度。按照网格化管理要求，网格员要每月对网格区域内的安全生产情况开展一次全面检查，企业网格员填写一式三联的"安全生产、劳动用工日常检查（复查）表"，行政村网格员填写"工商贸企业、个体工业户安全生产、消防隐患排查治理统计表"，并于每月25日前交安监站。同时在检查后由被检查单位填写"网格式管理上门签到表"。

（2）整改复查制度。网格员对存在安全隐患的单位，要责令限期整改，并在整改截止日起3日内对其进行复查，同时将复查情况报安监站。

（3）挂牌督办制度。对重点区域或屡教不改的安全隐患单位实行挂牌督办，由镇政府报上级相关部门依法对其实施责令整改、停业整顿、关停取缔等行政手段。

（4）安全生产岗位目标责任追究制度。把安全生产工作列入机关干部考核。每月督查小组对网格员的制度落实情况进行督查，对出现制度不落实、检查不及时、记录不齐全或检查流于形式的网格员，报组织办在月考中予以扣分。对因履职不到位产生严重后果的，追究网格员的直接责任。

4. 加强安全生产网格员队伍建设，提升网格员专业技能

面向生产安全网格化服务管理，网格员要做好政策法规的宣传，掌握生产安全的信息采集隐患排查、上报等职业技能。

【以山东省为例】

安全生产网格员的职责包括：

（1）宣传政策法规，普及安全常识。开展经常性的宣传教育活动，宣传安全生产法律法规、方针政策和省委省政府重大部署。普及生产生活安全常识，不断提高全社会的安全生产意识。

（2）安监信息入网，建好基础台账。配合乡镇（街道）安监办全面摸清本网格内生产经营单位分布情况，协助村（社区）建立生产经营单位安全生产基础数据台账，协助乡镇（街道）安监办将本网格内相关企业纳入全省安全生产隐患排查治理管理系统，及时更新相关信息。

（3）做好安全巡查，及时报送情况。网格员要按照安监工作要求，走村入户，定期对网格内的生产经营单位开展安全巡查，对非法违法生产经营行为和安全生产事故隐患等重要信息要做到及时发现、及时报告。报送的途径为村（社区）网格员报送至村（社区），村（社区）汇总后及时报送至乡镇（街道）安监办。如有重大情况，村（社区）网格员可以直接报送乡镇（街道）安监办。

【以浙江省诸暨市为例】

对每个网格，明确安全生产网格员，统一抓好本网格内所有企业及其他生产经营单位（不在重点企业名单里的企业及其他生产经营单位由所属行政村管理，重点企业由镇经济发展办分配网格员管理）、公共场所、建筑工地的安全生产管理。

（1）摸清本网格内所有企业、公共场所、建筑工地的基本情况、基本信息，报安监站和环保所建档，如有新增企业要在一个月内补登。

（2）抓好辖区内企业职工的安全生产知识培训。

（3）每月对企业、公共场所、建筑工地至少开展一次安全生产、劳动用工检查，并将检查表于每月25日前上交至镇安全生产办公室。

（4）对排查出的隐患应及时发出立即整改或限期整改通知书，同时督促整改单位落实整改任务，并做好复查工作。

网格员主要履行信息员、宣传员的工作任务：重点面向基层企业、"三小场所"（小商铺、小作坊、小娱乐场所）、家庭户等查看非法生产情况并及时报告；

协助配合有关部门做好安全检查和执法工作；向监督管理对象送达最新的文件资料；面向监督管理对象和社会公众积极宣传安全生产法律法规和安全生产知识等。网格员的其他工作任务，各地区可结合实际根据工作需要确定。

5. 生产安全网格化管理实践

（1）工作流程。

1）划分生产区域。即根据设备设施功能，结合生产人员特点，将生产环境划分出生产安全网格管理区块。

2）细化区域设施。根据区域环境，对承包区域内物品进行分类管理。

3）细化检查标准。根据每个项目的检查要求制定出具体的检查内容或标准，检查人可根据项目及对应项目检查标准逐一核对检查。

4）明确责任人员。每一区块分为几个微网格，每个微网格对应一位承包干部，每个区块和微网格对应一位第一责任人和第二责任人，当第一责任人遇到轮休、年休等情况时其责任区由第二责任人履行，检查完成后由检查人、班长、承包干部签字确认。

5）确定检查频次。每周各网格及负责人对其承包区域做全面检查。

6）多元检查方式。网格内生产人员之间定期轮换检查，负责人之间除个人承包区域外还互相进行交叉检查，相互弥补检查中的不足之处。

7）问题汇总。

①问题汇总分类。即对承包区域内项目核对后不符合检查标准的及时进行记录，对汇总问题按所属业务部门进行分类管理，如生产、安全、工程、数字化等。

②问题三级管控。对检查出的问题分为三级、二级、一级，三级问题为网格内能自行整改的问题，二级问题需由承包管理干部和技术员组织进行整改，一级问题为超出组织整改范围，需由领导及相关部门协助解决的问题。接着进行问题通报，即每期检查出问题后召开生产例会，网格生产人员及干部通报隐患问题情况，建立隐患问题消减台账，同时制定处置措施。

8）整改追踪。整改追踪过程中有两个步骤，一是整改问题，具体为三级、二级问题分别由网格生产人员及承包干部组织限时整改，整改时间通常为三天，无法整改或整改中遇到问题的要立刻汇报网格负责人，整改完成后由整改人签字确认，一级问题需汇报相关领导请求协助解决；二是问题追踪，即一级问题处理进度情况要及时录入隐患问题消减台账，同时录入隐患与事件处理平台，每周例会通报隐患问题处理进度情况，使全体工作人员明确隐患处置状况，落实控制措施。

9）复查验收。复查验收有三个流程，首先是问题复查，即三级、二级问题分别由网格负责人和相关领导负责复查验收，一级问题由相关部门及领导复查验收；其次是验收确认，验收合格项由复查人、验收人签字确认审核，未合格项继续进行整改，直至该不符合项得到彻底整改；最后是平台录入，问题验收合格后要及时录入隐患消减台账、安全检查管理系统平台、隐患与事件处理平台进行备案。

10）考核评价。首先制定考核管理办法，具体方法为明确检查人员检查不全面、处置问题不恰当、整改未按期完成等现象，同时对于网格内管理成效突出人员给予嘉奖鼓励；其次是问题分析，即对问题出现的原因进行细化分析，分人为因素、客观因素、管理因素、突发性事件、频发性事件，同类性质问题应归纳分析，查找不足之处，对问题进行案例剖析，分别从人员管理、设备设施管理、制度管理方面分析总结原因，对频发性、屡见不鲜的问题进行重点控制、重点整改、重点考核处理。共同制定问题处置有效措施，提升管理水平。

（2）安全生产网格化管理工作重点。

1）实有单位信息采集登记。通过网格员实际走访各街道、各园区对辖区实有单位应做到"应登尽登"，实现全覆盖。

2）监管部门和责任人标注。对已登记的实有单位标注安全生产监管"层级"。

3）重点行业企业安全生产网格化工作。重点行业企业应全部建立起安全生产网格化工作机制，并使用安全管理网格化监管平台并展网格化管理工作。

4）安全风险（源）普查建档。从社会面和重点行业企业两个层面摸排安全风险（源）底数并建档，落实分层分级监管。对发现的"黑作坊""黑加油（气）点"等非法违法窝点第一时间填报登记。

5）安全生产网格化移动终端应用。监管执法人员和网格员使用安全生产网格化"一站式"移动终端开展执法检查、巡查（含安全走访）工作，覆盖率应达到100%。

6）明确行业领域。对照《国民经济行业分类》（GB/T 4754—2017），明确行业类别，做好基础信息的精准录入，避免出现网格内行业领域、企业底数与实际不符的情况。

7)"危化品"信息模块录入。督促各行业领域涉及危险化学品生产、储存、使用、经营、运输和废弃处置等各环节的企业录入危化品相关信息,全年排查安全风险,消除监管盲区。

培训课程 2

网格化消防安全

一、消防的概念

消防是"消"和"防"的合词。"消"是消除、消灭火灾,就是火灾已经发生或将要发生,出动人力、物力,将火灾消除掉。"防"是防护、预防火灾,就是火灾还没发生,但知道它发生的途径和预防的方法,于是采取措施防止它发生。

消防是消除火灾、预防火灾的总称。即预防和解决人们在生活、工作、学习过程中遇到的人为与自然、偶然火灾的总称。主要包括火灾现场的人员救援,重要设施设备、文物的抢救,重要财产的安全保卫与抢救,扑灭火灾等。目的是降低火灾造成的破坏程度,减少人员伤亡和财产损失。

二、消防安全的具体内容——"四个能力"建设

消防安全"四个能力"是公安部构筑社会消防安全"防火墙"工程提出的,包括提高检查消除火灾隐患能力、提高组织扑救初起火灾能力、提高组织人员疏散逃生能力、提高消防宣传教育培训能力。

1. "四个能力"

(1) 提高检查消除火灾隐患能力。网格员要切实做到"消防安全自查、火灾隐患自除"。网格员应知晓负责网格内的消防安全管理人;配合相关部门定期开展防火检查巡查,落实网格员的消防责任;对检查发现的火灾隐患要立即消除,不能立即消除的,要制定整改方案,明确整改措施,落实整改资金,限时消除。

(2) 提高组织扑救初起火灾的能力。切实做到"火情发现早、小火灭得

了"。确保一旦发生火情,网格员能按职责分工及时到位、有效处置。熟悉消防设备,并熟练掌握火警处置及启动消防设施设备的程序和方法。

（3）提高组织人员疏散逃生能力。切实做到"能火场逃生自救、会引导人员疏散"。网格员应普遍掌握火场逃生自救基本技能,熟悉逃生路线和引导人员疏散程序。网格员都应当成为疏散引导人员,确保一旦发生火灾,能够及时组织在场人员安全疏散。

（4）提高消防宣传教育培训能力。切实做到"消防设施标识化、消防常识普及化"。明确网格内消防设施器材的标识设置规范、醒目,用文字或图例标明操作使用方法；重点部位、重要场所和疏散通道、安全出口要设置"提示"和"禁止"类消防标语。网格员能向网格内的居民开展消防安全宣传教育工作。

2. 消防安全"四个能力"建设执行策略

（1）检查消除火灾隐患能力的执行策略。单位应建立防火检查巡查队伍,健全单位消防安全责任人、消防安全管理人制度。每月至少组织一次防火检查,单位实行每日防火巡查并建立巡查记录,部门负责人每周至少开展一次防火检查,网格员每天班前、班后进行本岗位防火检查,做到"十查十禁"。一查设施器材禁损坏挪用,二查通道出口禁封闭堵塞,三查照明指示禁遮挡损坏,四查装饰装修禁易燃可燃,五查电器线路禁私搭乱接,六查用电设备禁违章使用,七查吸烟用火禁擅用明火,八查场所人员禁超员脱岗,九查物品存放禁违规存储,十查人员住宿禁"三合一体"。

（2）扑救初起火灾能力的执行策略。单位应建立两支队伍（灭火第一战斗力量队伍、灭火第二战斗力量队伍）,发现火灾后,起火部位员工1分钟内形成灭火第一战斗力量,同时应掌握三个原则：

1）距起火点近的网格员负责利用灭火器和室内消火栓灭火。

2）距电话或火灾报警点近的网格员负责报警。

3）距安全通道或出口近的网格员负责引导人员疏散。

火灾确认后,单位3分钟内形成灭火第二战斗力量。

1）通讯联络组——通知网格员赶赴火场,消防队报警、保障火场通信联络。

2）灭火行动组——利用本单位消防器材设备灭火。

3）疏散引导组——组织引导现场人员有序疏散。

4）安全维护组——抢救护送受伤人员。

5）现场警戒组——维持火场秩序。

（3）组织引导人员疏散逃生能力的执行策略。

网格员要做到"四熟悉"：

1）熟悉本单位疏散逃生路线。

2）熟悉引导人员疏散程序。

3）熟悉逃生设施使用方法。

4）熟悉火场逃生基本知识。

（4）消防安全知识宣传教育培训能力的执行策略。

网格员要做到"六掌握"：

1）掌握消防法律法规和安全操作规程。

2）掌握网格内及岗位火灾急险性和防火措施。

3）掌握报警、灭火及疏散逃生技能。

4）掌握安全疏散线路及引导疏散的程序方法。

5）掌握灭火应急疏散预案内容及操作程序。

6）掌握网格员上岗、转岗均应经岗位消防安全培训合格的要求。在岗网格员每年须进行一次消防安全教育培训。

三、消防安全网格化管理概念

消防安全网格化管理是由应急管理部门根据属地管理原则，将负责辖区按照行政区域标准划分为不同级别的管理网格，并将这些"基本单元"落实到具体的网格员，由网格员承担消防工作职责的管理模式。这种结构化的网格管理模式，能够及时获取和掌握辖区内的消防安全信息，构建起"横向到边、纵向到底"的消防安全管理体系。

四、消防安全网格化管理的政策

2012年中央综治办、公安部、民政部等五部局联合印发《关于街道乡镇推进消防安全网格化管理的指导意见》，对消防安全网格划分和工作目标、消防安全网格化管理责任、消防安全网格化管理主要工作、确保消防安全网格化管理取得实效进行了规定，提出要按照属地管理原则，在街道、乡镇推进消防安全网格化管理。建立健全街道、乡镇消防安全组织，落实基层消防工作责任，夯实城乡火灾防控基础，预防和减少火灾事故。

五、消防安全网格化管理的优势

1. 精细化

借助完整规范的工作流程和科学合理的量化标准，使消防安全管理工作由粗放管理向精细化管理转变。

2. 动态化

基于网格化管理信息平台，对各级各类网格单元实施动态管理，确保消防安全管理过程的全面性和有效性。

3. 信息化

通过整合网格内的各类信息资源，实现监测、预警、决策、处置等环节的有机衔接。

4. 社会化

有效动员社会力量，强化广大民众的消防安全意识，提升民众参与消防安全管理的积极性和主动性。

5. 系统化

借助系统化的标准和方法，将社会消防责任单位划分为不同的等级和类型，进而统筹规划和整体推进。

六、消防安全网格化管理模式

1. 依托社区信息化管理平台，建立数据信息互联互通

通过网格化管理的资源平台，在网格化指挥中心的统筹下，建立应急、公安、城管、环保、卫生、教育等多部门的资源交互平台，确保信息资源和应急资源的优化配置，使社会消防网格化管理工作借助多部门资源优势形成合力。

2. 科学划分网格，开展精细化管理、精准化服务

从当前消防安全网格化管理的模式来看，主要包含大、中、小三级管理网格。其中，"大网格"（乡镇、街道）由乡镇政府、街道办事处为主要负责人，"中网格"（行政村、社区）由村委会、居委会为主要负责人，"小网格"（村组、小区、楼院、单位场所等）由社会组织参与消防安全管理。

3. 建立消防安全网格化管理工作机制

（1）网格化管理责任机制，根据组织权责划分，县级政府部门负责指导、督促辖区实施消防安全网格化管理，乡镇政府、街道办主要负责人作为第一责

任人，负责一级网格内的日常消防安全管理工作，村委会、居委会主任作为第一责任人，负责二级网格内的日常消防安全管理工作，居民小组、村民小组作为自愿性组织，负责三级网格内的消防安全管理工作。

（2）网格化管理奖惩机制，各级网格化管理办公室负责对所在辖区年度网格化管理的效能进行考核评比，并将考评结果及时反馈到相关部门和管理主体，对表现突出的单位和人员给予物质和精神上的奖励，对于履责不力造成火灾事故的，实行"一票否决"制，取消其年度晋升和评优，并追究其相关责任。

（3）网格化管理培训机制，通过加强对网格员的业务培训，使其熟悉和掌握消防监督检查、收集消防隐患信息以及临场处置火灾的知识和技能，提升其消防宣传和消防监管能力。

【以广东省韶关市为例】

广东省韶关市制定了基层消防安全"网格化"管理七项制度。

1）逐级分包制度。市政府和相关部门主要领导分包"大网格"，镇领导分包"中网格"，镇工作人员分包"小网格"。镇、村对本村消防安全工作负责；镇、村消防安全工作人员全部深入"小网格"开展检查巡查、隐患排查和宣传服务工作。消防监督员及公安派出所、警务室民警分别深入三级网格，配合指导镇、村开展消防网格精细化管理工作。

2）联防联治制度。镇充分整合综治办、应急办、公安派出所和其他社会消防监管力量，结合"一网四级"治安防控体系建设，共同开展工作，形成合力。以"户户联防、部门联查、片区协同"为主要内容的区域联防工作，完善层级联防联治体系；采取户包户、店包店、部门包路段等形式，大力实施消防安全互联互防，提高防范和抵御火灾风险的能力，积极构建"信息互通、安全共享、风险共担"的工作格局，实现消防行政管理与群众自治、行业自律的有效链接和良性互动。

3）定期检查制度。镇应急办负责日常消防安全工作，对存在的突出问题及时解决并帮扶指导，每月组织一次有针对性的检查巡查。行政村消防管理人员在辖区内每周开展一次日常消防安全检查。保安、巡防队员和多种形式消防队员每天结合各自岗位职责开展消防巡查监察。公安派出所每周对管辖单位开展一次消防监督抽查，警务室民警落实每周一查制度，专项行动期间，按照上级部署配合做好消防安全专项治理工作。

4）隐患处理制度。对社会群众举报投诉以及检查排查的火灾隐患和消防违法违章行为，以村为单位进行汇总并上报镇应急办，镇应急办督促限期整改。没有按期整改到位的，应急办向公安派出所移交处理。公安派出所（驻村）民警落实每周一查制度，发现火灾隐患和消防违法违章行为，及时查处。对严重威胁公共安全的重大火灾隐患，要立即报告辖区公安机关、消防机构，由公安机关提请政府挂牌督办、限期整改。

5）联席会议制度。镇每两个月组织公安派出所、应急消防办、工商所、综治办人员、消防机构联系人以及辖区重点单位消防安全管理人召开一次联席会议。

6）宣传服务制度。镇、社区定期组织消防宣传队深入重点单位、沿街门店集中区域、居民楼院开展形式多样的消防宣传培训。

7）信息报告制度。各级网格对辖区各类消费信息进行采集、汇总、更新，做到"镇不漏村、村不漏楼、楼不漏户"，通过"三级网格"逐级报告采集信息。摸清状况、建立台账、登记造册，发现重大问题及时报告。

4. 加强消防安全网格员队伍建设，提升网格员技能水平

强化网格员队伍建设，落实网格员对负责辖区内消防安全的日常宣传、巡查、跟踪、反馈等工作，发现问题第一时间上报，并做好疏导工作，确保消防安全生产动态化、实时化。

《关于街道乡镇推进消防安全网格化管理的指导意见》对消防安全网格化管理主要工作作出了明确的要求，具体内容如下：

（1）开展常态化消防安全检查。街道办事处、乡镇人民政府要每季度组织综治办、安监办、公安派出所、民政所、工商所等部门，开展针对性的消防安全检查，火灾多发季节、重大节假日期间和农业收获季节要加强防火检查；居民委员会、村民委员会要每月对居民楼院（小区）、村组和沿街门店、家庭式作坊等小单位、小场所开展排查；居民楼院（小区）、村组要每周进行防火检查；巡防队员、物业管理人员、保安、社会单位管理人员要结合岗位职责，开展日常防火检查巡查。对检查发现的火灾隐患，要做好登记并及时督促整改，对难以整改的，及时移交公安派出所或公安消防部门依法处理。

（2）开展经常性消防宣传教育。街道、乡镇要在火灾多发季节、农业收获季节、重大节假日和民俗活动期间，开展有针对性的消防宣传教育，广泛普及防火灭火和逃生自救常识。要深化消防宣传"五进"活动，在社区、村屯、居民楼院、单位、场所设置消防宣传橱窗（标牌），开展经常性的消防安全提示。

有条件的社区、村屯要依托社区服务中心、农村文化室，建设消防教育体验活动室，定期组织居民群众参加消防教育和灭火逃生体验。

（3）基层力量开展防火灭火工作。要充分发挥基层治安防范力量在消防安全网格化管理中的作用，推行巡防消防一体化和"保消合一"模式，加强治安巡防队员、保安人员的消防业务培训，配备必要的消防装备器材，提高防火检查、消防宣传和组织扑救初起火灾的能力。治安巡防队员在开展日常巡逻时要承担防火巡查、扑救初起火灾和消防宣传教育工作的职能，保安队员要结合从事门卫、巡逻、守护等工作，对社区和单位开展防火巡查。要大力培育群众性消防志愿组织，鼓励社会单位和个人积极投身消防公益事业，大力倡导志愿消防服务，引导志愿者参与消防宣传培训、查改身边火灾隐患等活动。

（4）消防安全重点单位实行"户籍化"管理。公安消防部门要按照分级管理的原则，对网格内的消防安全重点单位加强监管，建立消防安全"户籍化"管理档案，督促单位落实消防安全责任人和管理人，建设建筑消防设施维护保养和消防安全"四个能力"自我评估报告备案制度，加强监督检查，实施动态管理。对易发生群死群伤火灾的人员密集场所，易燃易爆单位和高层、地下公共建筑等火灾高危单位，公安消防部门要督促单位落实更加严格的人防、物防、技防措施，定期由具有资质的机构开展消防安全评估，采取针对性防范措施，确保消防安全。

培训课程 3

网格化交通安全

一、交通安全及交通安全隐患

1. 交通安全的概念[①]

交通安全,是指在交通活动过程中,能将人身伤亡或财产损失控制在可接受水平的状态。交通安全具有如下特点:

(1)交通安全是在一定危险条件下的状态,并非绝对没有交通事故的发生。

(2)交通安全不是瞬间的结果,而是对交通系统在某一时期,某一阶段过程或状态的描述。

(3)交通安全是相对的,而不是绝对的。

2. 交通安全隐患的概念

交通安全隐患是指交通活动中存在的人的不安全交通行为,以及交通环境中可能引起交通事故的不安全因素。

二、交通安全的具体内容及案例

1. 交通安全的具体内容

结合《中华人民共和国道路交通安全法》的内容与《数字化城市管理信息系统》(GB/T 30428)的部分规定,可以将交通安全的具体内容区分为车辆与驾驶人安全、行人与乘车人安全、道路交通设施安全三部分内容。交通安全的具体内容摘要见表4-1。

[①] 有关交通安全的概念,引自《汽车与安全》2014年第05期,作者王元明。

表 4-1　交通安全的具体内容摘要

安全种类	具体内容
车辆与驾驶人安全	车辆（各类交通工具）的安全、驾驶人安全驾驶
行人与乘车安全	行人遵守交通规定通行、行人乘坐各类交通工具的安全
道路交通设施安全	城市管理部件、事件中涉及道路交通设施以及施工过程中对交通的影响

2. 交通安全案例

【案例1】某地公安民警接到群众报案，称自己的妻子在正常骑行过程中被机动车撞伤，驾驶人执意"私了"，该群众请求民警处理。

经调查了解，肇事车辆驾驶人小赵属于酒后驾驶，且尚未取得驾驶证。其好友周某在知晓小赵酒后且无驾驶证的情况下依旧将自己的车辆借给他，导致小赵造成交通事故。小赵与周某因涉嫌危险驾驶罪被公安机关依法刑事拘留。

【案例2】2020年8月，林某在乘坐公交车时发现司机正是之前与自己存在纠纷的张某，于是停留在驾驶室位置对张某不断辱骂，张某未予理会。林某见状不依不饶，继续辱骂，干扰张某正常驾驶。张某不得已将公交车停靠在路边，林某遂对张某拳打脚踢，被乘客劝开。当张某启动车辆继续行驶时，林某再次攻击张某，导致张某受伤。

最终，林某以妨害安全驾驶罪被判处有期徒刑九个月。

【案例3】小李乘坐朋友的车到马路对面买东西，返回时驾车横穿非机动车道，与正常驾驶电动车的孙某相撞。小李扶起孙某后，认为孙某并无大碍，于是乘车离去。

医院检查结果显示，事故导致孙某多处骨折，脾脏破裂，属于重伤二级。经交警部门认定，虽然孙某存在超速驾驶电动车的行为，但是小李因为驾车突然横穿非机动车道，需承担主要责任。

最终，小李与孙某签订和解协议，并赔偿15万元。

三、交通安全网格化管理的概念

交通安全网格化管理，就是运用网格化方法，将辖区划分为诸多单元网格，组织开展交通安全宣传与交通安全隐患排查工作，及时发现隐患并整改，动态化掌握辖区内的人员、车辆、道路、企业、环境等诸多要素，集采集、排查、宣传、演练为一体的多功能网格化管理体系。

四、交通安全网格化管理的现实意义

传统的交通安全管理在体制、机制上存在部分弊端，对管理部门缺乏有效地监督与制约，存在宣传难以下沉，隐患排查难以全覆盖的问题。以网格化模式进行交通安全管理，充分发挥网格化管理精细化的优势，弥补传统交通管理方式的不足。

1. 实现交通安全的精细化管理

实行交通安全网格化管理，依托网格化平台，按照"属地管理，条块分割"的基本原则，划分专业网格，对网格内交通安全进行精细化管理，做好采集、排查、上报、宣传、演练等工作，按照"一格一员"或"一格多员"的方式，落实责任到人，做到交通安全事项"事事有人管"。

2. 实现交通安全问题的及时处置

通过交通安全网格员的信息采集与网格巡查，实时掌控网格内交通安全问题，及时发现，立即上报，快速处理，将隐患防患于未然，将事故损失减到最小。

3. 建立数据共通的交通安全体系

建立起以大数据支撑为中心的交通安全分析研判系统，打通数据隔断，实现各区交通安全信息由"信息孤岛"向"数据融合"转变，做到数据研判、分析预警、职能调控的智能化交通安全体系。

五、交通安全网格化管理模式

1. 建立数据共通的网格平台

依托互联网信息技术构建集信息采集、信息上报、案件流转、案件审核于一体的智能化网格平台，实现闭环管理与数据互通，为交通安全网格化开展提供运作平台。

2. 合理划分专业网格

依据交通要素与实际管理要素的分布情况，合理划分交通安全专业网格，对网格内人、车、路、企、情进行监管。

3. 搭建网格管理队伍

依托专业网格，集合社区村镇、交管部门、居民多方力量组建交通安全网格化管理队伍。根据网格层级明确各级网格员任务，开展日常交通巡查、交通安全隐患排查与交通安全宣传等工作。

4. 形成闭环管理体系

网格员发现即时上报，按照"采办分离"的原则，由网格中心派遣至交管部门等相关责任部门进行处理，并对案件办理流程全程追踪，处理结果有评价，有考核。

六、交通安全网格化管理下网格员的职责

1. 交通安全基础信息采集

采集网格内人、车、路、企、情等诸多要素，做好排查统计，建立台账并进行动态更新，对网格内交通要素做到底数清，情况明。

2. 交通安全隐患排查

针对社区（村）相对复杂的路段，网格员应做好安全隐患发现、巡查等工作。及时处置一般性隐患，遇到严重的交通安全问题或灾害性损毁需要立刻上报，确保问题迅速解决。

【案例】为进一步提高辖区群众交通安全意识，保障群众出行安全。某地网格员化身交通"安全员"，在网格内开展道路交通安全文明劝导活动。

网格员分组对区域内重要路段进行巡查，配合交警开展工作。对于三轮车和摩托车非法载人、不戴头盔的现象进行教育整改，倡导安全驾驶与文明驾驶。同时，利用"入户走访"的方式宣传农用车违法载人、超载、超速、不按规定年检、酒后驾驶等交通违法行为的危害性。引导居民通过学习道路交通安全知识，提升交通安全意识。

3. 交通安全情况走访

周期性走访群众，了解网格内非法运营机动车情况以及居民对于网格内交通情况的诉求，建立台账，及时上报处理。

4. 政策法规宣传

定期或不定期开展网格走访，宣传道路交通安全相关法律法规。

培训课程 4

网格化食品药品安全

一、食品与食品安全的概念[1]

日常生活中所说的食品与法律中所讲的食品在定义上存在着一定的差异，对食品和食品安全的内涵进行界定和区分是研究食品安全监管的前提条件。

1. 食品的概念

食品的概念随着年代的改变、社会实践的深化具有不同的含义。古人云："食，命也"，把食品看作是能够延续人类生命的物品。

《中华人民共和国食品安全法》提出，食品是指各种供人食用或者饮用的成品和原料以及按照传统既是食品又是中药材的物品，但是不包括以治疗为目的物品。

根据此定义，食品具有如下法律特征：

（1）食品是供人类所用的物品，而非供动物或其他所用的物品。

（2）食品是供人类食用或者饮用的物品，而非满足人类生存发展的其他需要，如人类衣、住、行所需的物品。

（3）食品既包括食物成品、原料，也包括按照传统既是食品又是药品的物品，但是不包括以治疗为目的的物品。

2. 食品安全的概念

食品安全，是指食品无毒、无害，符合应当有的营养要求，对人体健康不造成任何急性、亚急性或者慢性危害。

食品安全包括的内容较多，既包括食品的卫生、质量、营养等方面，也包括食品（食物）种植、养殖、加工、包装、储藏、运输、销售、消费等环节。

---

[1] 相关概念引自《中华人民共和国食品安全法》第一百五十条。

3. 食品安全事故的概念

食品安全事故，是指食源性疾病、食品污染等源于食品，对人体健康有危害或者可能带来危害的事故。其中，食源性疾病是指食品中致病因素进入人体引起的感染性、中毒性等疾病，包括食物中毒。

二、药品和药品安全的概念

1. 药品的概念[①]

药品，是指用于预防、治疗、诊断人的疾病，有目的地调节人的生理机能并规定有适应症或者功能主治、用法和用量的物质，包括中药、化学药和生物制品等。

2. 药品安全的概念

药品安全，在我国法律法规中没有对其内涵给出直接的定义。一般而言，药品安全分为质量安全和数量安全两项，前者是指药品的生产缺陷、错误用药、副作用和其他不确定风险对人体健康不造成危害，也就是药品质量安全有效和可控；后者则是本国医药产业提供的药品数量及品种满足消费者的基本需求，从而保障药品可及性。

3. 药品安全事件的概念

药品安全事件，是指因药品质量或不良反应引起的社会公众健康严重损害的重大事件。具体表现为突然发生的，在同一地区、同一时段内，使用同一种药品对健康人群或特定人群进行预防、诊断、治疗过程中出现的多人药品不良事件。

三、食品药品安全的具体内容

1. 食品安全的具体内容

食品安全包括食品数量安全、食品质量安全、食品可持续安全。

（1）食品数量安全。食品数量安全，即一个国家或地区能够生产本民族基本生存所需的膳食需要。要求人们既能买得到又能买得起生存生活所需要的基本食品。

（2）食品质量安全。食品质量安全是指提供的食品在营养、卫生方面满足和保障人群的健康需要，食品质量安全涉及食物的污染、是否有毒、添加剂是否违规超标、标签是否规范等问题，需要在食品受到污染界限之前采取措施，

[①] 相关概念引自 2019 年 12 月 1 日施行的《中华人民共和国药品管理法》。

预防食品的污染和遭遇主要危害因素侵袭。

（3）食品可持续安全。食品可持续安全，是从发展角度要求食品的获取需要注重生态环境的良好保护和资源利用的可持续性。

2. 药品安全的具体内容

药品安全主要包括药品数量安全、药品质量安全、药品可持续安全、药品疗效安全。

（1）药品数量安全。药品数量安全是指一个国家、地区或家庭能够生产、提供或保障足够的药品，以维持其成员基本生存的需要，从数量保障角度反映着居民的药品需求量，是以发展生产、保障供给、满足数量需求为其主要特征，体现的是人类一种最基本的生存权利。

（2）药品质量安全。药品质量安全是指一个国家、地区或家庭能够获得疗效确切、卫生安全的药品消费，保证消费者按正常剂量和以正确方式应用时，不会对摄入者造成急性或慢性的危害，不会对摄入者及其后代产生不良影响，以药品质量及其对人体危害的耐受性为主要特征，强调药品质量是人类维持健康生活的根本保证与基本权利。

（3）药品可持续安全。药品可持续安全是指一个国家或地区的人口、资源、环境、产业能够协调、和谐地发展，使得药品供给既满足当代人的需要，又不损害或削弱后代人满足其需要的能力和水平，以资源储量、经济指数、生态指数等作为主要特征，强调药品的可持续性和可利用性。

（4）药品疗效安全。药品疗效安全是指一个国家或地区在实现或基本实现药品数量、质量、可持续安全发展目标的条件下，保障人们能够获得卫生安全、疗效确切、结构合理、适应临床的药品，以满足积极活跃、健康生活的需要，以药品的临床疗效、风险指数等为主要特征，在强调药品数量保障的同时，更强调可持续利用、安全有效和合理使用。

四、食品药品安全网格化管理

1. 食品药品安全网格化管理的概念

食品药品安全网格化管理，是将食品药品安全与网格化管理模式进行有机结合，依托统一的城市管理以及数字化的平台，对辖区内食品药品生产经营企业按照一定的标准划分成为单元网格，使这些网格成为政府管理基层社会的单元。通过加强对单元网格的巡查，建立一种监管和处置互相分离的形式。

2. 食品药品安全网格化管理的作用

（1）提高发现、排查、报告和快速处置食品药品安全隐患的能力。

（2）优化食品药品安全问题的处置和执法流程。

（3）充分发挥各级食安办综合协调作用，加强部门联动，完善综合治理机制。

（4）强化社会监督，形成食品药品安全群防群治的格局，提高食品药品安全工作水平。

3. 食品药品安全网格化管理模式

（1）将食品药品安全纳入网格化管理体系，构建信息互通的数据平台。通过现代信息技术，告别"信息孤岛"，通过信息采集、排查、上报等业务形式，形成互联互通、信息共享、业务协同，促进食品药品安全监管和服务水平的提高。

【以上海市为例】

上海市将食品药品安全监管纳入本市城市运行"一网统管"管理平台体系，有效整合食品安全行政监管、网格化监管和社会监管力量，共同构建食品药品安全问题的发现、报告和处置机制；对应街镇责任网格设置情况，指定各街镇食品安全监管部门和相关监管部门执法人员负责责任网格内的食品药品安全网格化事件处置工作。

（2）科学划分网格，实现精细化管理、精准化服务。利用网格化管理手段，形成分区划片、包干负责的食品药品安全基层监管工作网络，构建"横向到边、纵向到底"的食品药品安全监管格局。

【以长沙市为例】

长沙市网格化管理分为四级。

一级网格：长沙市行政区域网格。该级网格由长沙市级行政管理部门负责建设、管理、监督、考评等；对二级、三级、四级网格进行指导、督查、评估、考核。

二级网格：长沙市直监管网格和各区县（市）食品药品监管局监管辖区共11个网格。市直监管网格由局综合处负责建设、管理、监督，食品生产、食品流通、食品消费监管处对市直管企业要明确责任人，将市本级监管的食品生产、食品流通、食品消费企业相关信息分类录入本级网格，形成动态监管台账。其他网格由区县（市）食品药品监管局负责建设、管理、监督等；对三级、四级网格进行指导、督查、评估、考核。并将区县（市）本级监管的食品生产、食品流通、食品消费企业相关信息分类录入本级网格，形成动态监管台账。

三级网格：各乡镇（街道）食品药品监管所监管辖区 134 个网格。各乡镇（街道）食品药品监管所负责三级、四级网格建设、管理、监督等，明确四级网格责任人。并将管辖区内的食品生产（加工）、食品流通、食品消费企业相关信息分类录入本级网格，形成动态监管台账，确保定格定岗到人。

四级网格：各行政村（社区）辖区网格。由各食品药品监管所要明确的行政村（社区）食品药品监管责任人负责将村（社区）内的食品生产（加工）、食品流通、食品消费企业相关信息分类录入本级网格，形成动态监管台账。

（3）部门联动，建立食品药品安全网格化服务管理的工作机制。

【以安徽省黄山市为例】

黄山市利用网格化管理手段，形成分区划片、包干负责的食品药品安全基层监管工作网络，构建"横向到边、纵向到底"的食品药品安全监管格局。区县政府、乡镇（街道）政府（办事处）要落实食品药品网格化管理的属地管理责任，切实提高食品药品安全监管效能。村（居）民委员会要充分发挥群众自治组织的作用，建立和完善自我巡查、自我管理、自我监督的联勤机制。

全市各级食安委、食安办充分运用现有法律资源和管理手段，会同各级综治中心，加强部门联动，协调辖区内跨部门的食品药品安全网格事件处置和相关应对工作。市场监管部门与同级综治中心、乡镇（街道）食安办密切协作，共同参与网格化综合管理联动联勤工作，加强责任网格内食品药品安全网格事件的快速发现、分派和处置工作。

（4）加强网格队伍的建设，提升网格员的职业技能水平。网格员在食品药品安全管理中发挥着"第一道屏障""一线哨兵"的作用。加强网格员对食品药品安全信息的收集、排查、上报等职业技能的培训，有助于提升网格化食品药品安全服务与管理的水平。

【以山东省临沂市为例】

临沂市的网格员在食品药品安全监管中承担着宣传员、信息员、服务员、调解员、巡防员、监督员这"六大员"的工作职责。市场监管局积极对接融合，将网格员承担的食品药品安全责任清单进行细化，为网格员编制食品药品安全巡查记录表，从而推动网格员食品药品安全监管工作专业化、规范化。网格员在巡查中要能够发现风险隐患，懂得如何将风险隐患处理、上报，发挥网格员在食品药品安全管理工作中"报警器"的作用。

培训课程 5

网格化生态环保

一、生态环保的概念

1. 环境与生态环境

环境是指影响人类生存和发展的各种天然的和经过人工改造的自然因素的总体，包括大气、水、海洋、土地、矿藏、森林、草原、野生生物、自然遗迹、人文遗迹、风景名胜区、自然保护区、城市和乡村等。

生态环境是指影响人类生存与发展的水资源、土地资源、生物资源以及气候资源数量与质量的总称，是关系到社会和经济持续发展的复合生态系统。

2. 环境保护的概念

环境保护是指人类为解决现实或潜在的环境问题，协调人类与环境的关系，促进经济社会可持续发展而采取的各种行动的总称。

二、生态节能环保的基本内容[①]

生态节能环保，包括生态环保与节能环保两个部分。

1. 生态环保的基本内容

（1）提升生态系统质量与稳定性。坚持山水林田湖草系统治理，着力提高生态系统自我修复能力和稳定性，守住自然生态安全边界，促进自然生态系统质量整体改善。

1）完善生态安全屏障体系。

---

① 相关内容引自《中华人民共和国国民经济和社会发展第十四个五年规划和2035年远景目标纲要》第十一篇。

2）构建自然保护体系。

3）健全生态保护补偿机制。

（2）持续改善环境质量。深入打好污染防治攻坚战，建立健全环境治理体系，推进精准、科学、依法、系统治污，协同推进减污降碳，不断改善空气、水环境质量，有效管控土壤污染风险。

1）深入开展污染防治行动。

2）全面提升环境基础设施水平。

3）严密防控环境风险。

4）积极应对气候变化。

5）健全现代环境治理体系。

2. 节能环保的基本内容

坚持生态优先、绿色发展，推进资源总量管理、科学配置、全面节约、循环利用，协同推进经济高质量发展和生态环境高水平保护。环境保护和资源节约工程详见表4-2。

（1）全面提高资源利用率。

（2）构建资源循环利用体系。

（3）大力发展绿色经济。

（4）构建绿色发展政策体系。

表4-2 环境保护和资源节约工程

01 大气污染物减排
实施8.5亿吨水泥熟料、4.6亿吨焦化产能和4 000台左右有色行业炉窑清洁生产改造，完成5.3亿吨钢铁产能超低排放改造，开展石化、化工、涂装、医药、包装印刷等重点行业挥发性有机物治理改造，推进大气污染防治重点区域散煤清零
02 水污染防治和水生态修复
巩固地级及以上城市黑臭水体治理成效，推进363个县级城市建成区1 500段黑臭水体综合治理。加强太湖、巢湖、滇池、丹江口水库、洱海、白洋淀、鄱阳湖、洞庭湖、查干湖、乌梁素海等重点湖库污染防治和生态修复，实施永定河、木兰溪等综合治理，加快华北地区及其他重点区域地下水超采综合治理和黄河河口综合治理
03 土壤污染防治与安全利用
在土壤污染面积较大的100个县推进农用地安全利用示范。以化工、有色金属行业为重点，实施100个土壤污染源头管控项目

续表

04 城镇污水垃圾处理设施
新增和改造污水收集管网 8 万公里，新增污水处理能力 2 000 万立方米/日。加快垃圾焚烧设施建设，城市生活垃圾日清运量超过 300 吨地区实现原生垃圾零填埋，开展小型生活垃圾焚烧设施建设试点
05 医废危废处置和固废综合利用
补齐医疗废弃物处置设施短板，建设国家和 6 个区域性危废风险防控技术中心、20 个区域性特殊危废集中处置中心。以尾矿和共伴生矿、煤矸石、粉煤灰、建筑垃圾等为重点，开展 100 个大宗固体废弃物综合利用示范
06 资源节约利用
实施重大节能低碳技术产业化示范工程，开展近零能耗建筑、近零碳排放、碳捕集利用与封存（CCUS）等重大项目示范。开展 60 个大中城市废旧物资循环利用体系建设

三、生态环境网格化管理的概念

生态环境网格化管理，即以"细分网格、定岗定责"的网格化管理办法，对区域内生态环境问题进行管理，做到全范围检查，无盲区监管。

四、生态环境网格化管理的目的

环境保护是我国的一项基本国策，网格化是实现社会治理的有效手段。以网格化管理方式进行环境保护，是生态环境执法监管模式的一次探索创新，结合网格化管理"精细化"的优势，进一步提升区域生态环境执法监管的工作力度，有利于维护生态环境安全，推进生态环境质量改善。

五、生态环境网格化管理下网格员的工作职责

1. 生态环境信息采集

采集网格内污染源的数量、类型、特点，以及区域内污染物排放企业、排污许可证办理、污染物处理设施等信息，做到数据清晰。

2. 环境污染问题排查

巡查网格内污染物处理设施、确保网格内在建项目环境监管工作到位、污染物达标排放，发现问题及时上报处理。

巡查网格内排污企业、生态环境、信访案件、污染纠纷、环境安全隐患、

违法建设项目、饮用水源地、农村环境综合整治等定期进行巡查和监督,及时发现和制止环境违法行为,并向上级网格进行报告,请求协助调查和解决环境违法行为。

3. 环境保护社情民意收集

收集网格内居民对于环境问题的反馈,核实核查污染问题并上报解决。

4. 环境保护宣传

面对网格内居民,宣传环境保护政策法规与相关知识,提升居民环境保护意识,维护区域环境整洁。

六、生态环境网格化管理的工作流程

得益于网格化管理方式所提供的精细化管理与监管分离,生态环境网格化依托"七步闭环工作流程"而展开。

【以贵州省贵阳市为例】

贵州省贵阳市结合市域生态环境监管实际,将生态环境网格化管理工作流程区分为下发式任务与上报式任务两类。

(1)下发式任务(见图4-1)。

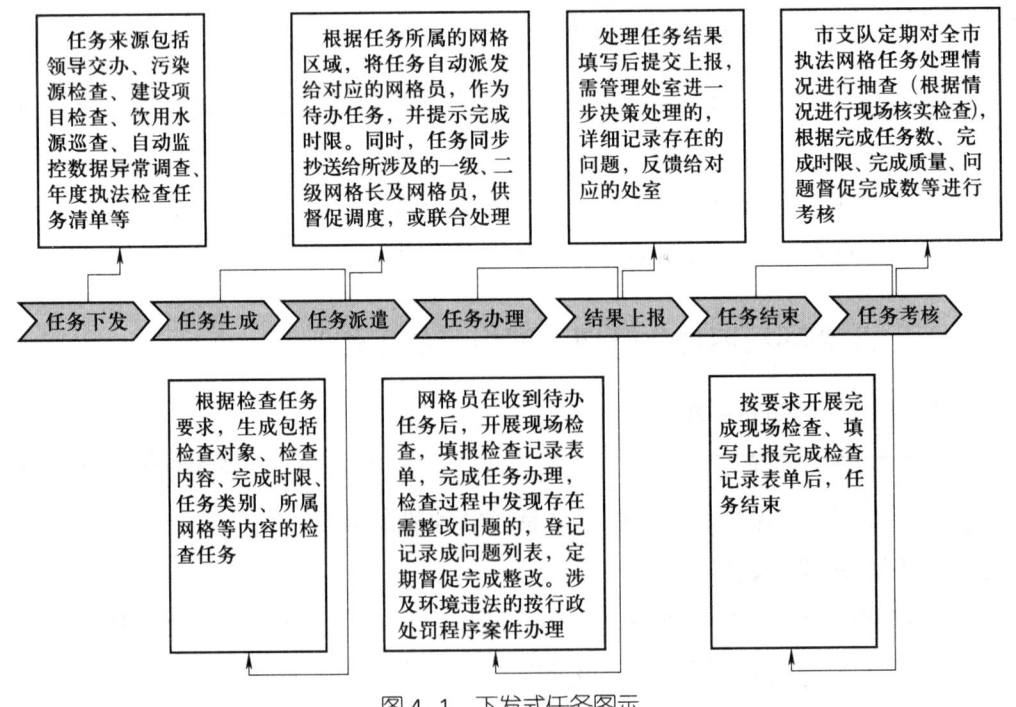

图 4-1 下发式任务图示

（2）上报式任务（见图 4-2）。

任务生成	任务接收	任务办理	结果反馈
在巡查过程中发现环境问题，通过贵阳市生态环境"一张网"系统（暂定）上报现场照片、视频、问题描述、问题地点、经纬度等信息，生成网格任务	任务生成后推送至移动执法系统中，作为所属的网格执法人员的待办任务	执法网格员根据任务记录信息进行判断，需进一步调查核实的，按下发任务的处理流程办理	执法网格员处理完成任务，将处理结果填报并反馈至"一张网"（暂定）系统中，推送给任务上报的乡镇网格员

图 4-2　上报式任务图示

【以山西省大同市为例】

山西省大同市环境监管网格化同样依托于闭环工作流程，形成了巡查、查处、反馈、监督、评价的运行方式。大同市环境监管网格化运行方式如图 4-3 所示。

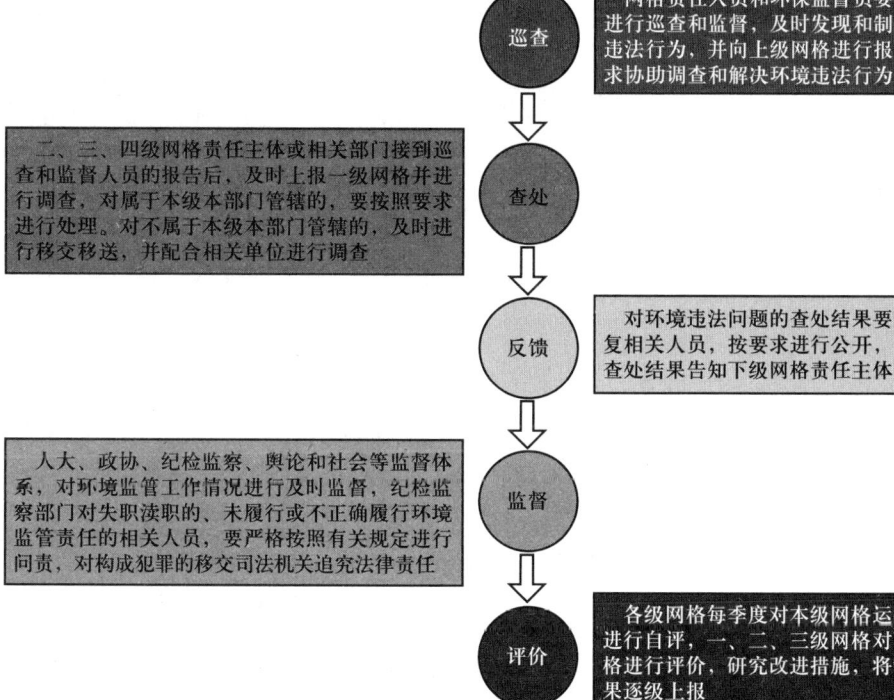

图 4-3　大同市环境监管网格化运行方式

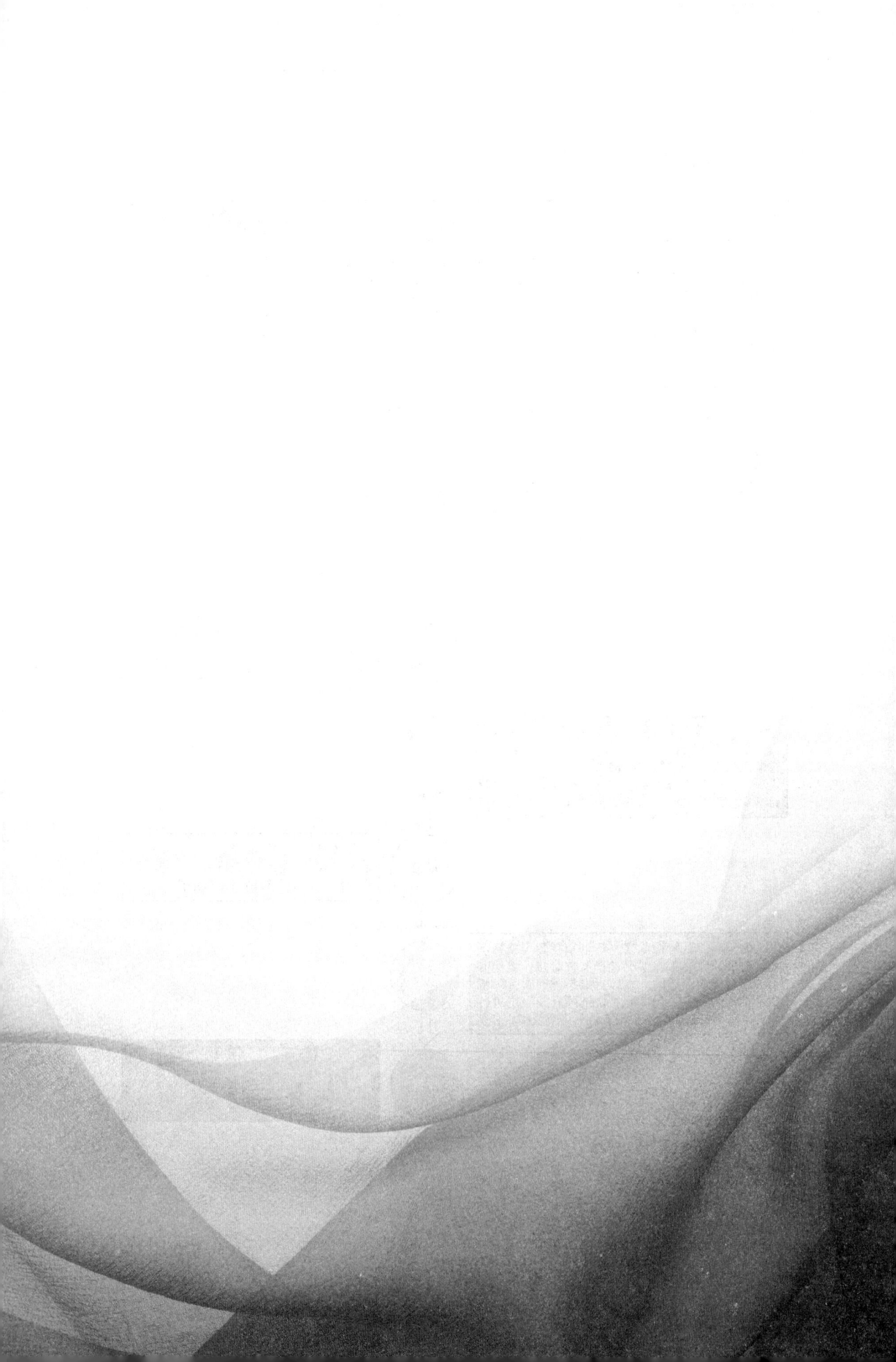

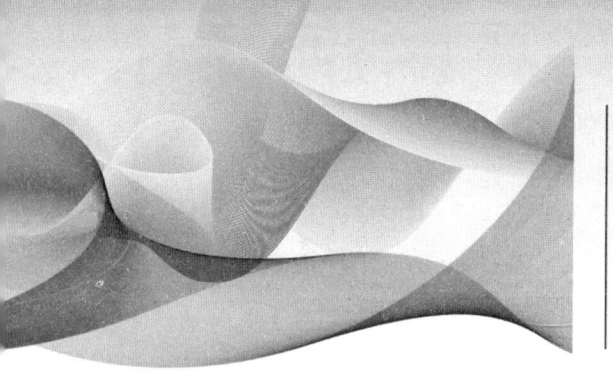

职业模块 5
网格化相关政策与法律法规知识

培训课程 1

新时代网格化的法律体系

习近平总书记指出,法治是国家治理体系和治理能力的重要依托。在党的二十大报告中,提出了到二〇三五年我国发展的总体目标,其中明确规定要基本实现国家治理体系和治理能力现代化,全过程人民民主制度更加健全,基本建成法治国家、法治政府、法治社会。基层网格化治理是现代社会治理的创新实践,必须在法治轨道下依法推进。网格员作为网格化基层社会治理中的核心力量,需要树立自身的法治观,宏观上了解网格化社会治理下的法律体系,微观上掌握与网格化服务管理相关的法律法规知识。

一、习近平法治思想

习近平法治思想坚持运用系统思维方法,对新时代为什么实行全面依法治国、怎样实行全面依法治国等一系列重大问题进行深入思考并作出科学回答,既从系统整体上把握全面依法治国在党和国家事业发展全局中的战略地位,又深刻揭示全面依法治国作为一个系统工程的重要特征,在法治建设上强调更加注重系统性、整体性、协同性,深化了党对全面依法治国的认识。

1. 坚持从系统整体上把握全面依法治国

法律系统是社会系统的重要组成部分,与经济、政治、文化等社会子系统相互联系、相互作用。法律问题与其他社会现象和问题相互交织,必须从社会系统的整体出发来研究和解决。

习近平法治思想善于运用系统思维方法,坚持从系统、整体、全局高度把握全面依法治国，以马克思主义的世界观和方法论观大势、谋大事、顾长远、抓根本。

（1）从"两个大局"出发把握全面依法治国。习近平法治思想将全面依法治国放在"两个大局"中来把握、来推进，将全面依法治国纳入"四个全面"战略布局，深刻认识全面依法治国同其他三个"全面"之间的关系，促进"四个全面"彼此之间相辅相成、相互促进、相得益彰。习近平法治思想把"坚持全面依法治国"纳入新时代坚持和发展中国特色社会主义的基本方略，大大深化了对全面依法治国战略地位的认识。

（2）从国家治理视角谋划全面依法治国。系统思维注重整体观，强调"谋局"先于"谋略"，"略"从"局"出。法治是治国理政的基本方式，法治体系是国家治理体系的重要组成部分。

习近平法治思想围绕完善和发展中国特色社会主义制度、推进国家治理体系和治理能力现代化这一全面深化改革的总目标，立足各领域改革发展稳定对提高法治水平的新要求，对社会主义法治建设作出科学、全面部署并统筹推进，推动国家治理实现制度化、程序化、规范化、法治化，更好发挥法治固根本、稳预期、利长远的重要作用，不断夯实"中国之治"的法治根基。

2. 明确全面依法治国是一个系统工程

全面依法治国作为一个系统工程，涉及多个方面的工作和任务，包含相互协作、相互关联、相互影响的不同部分，构成一个广泛复杂而又系统完备的统一整体。

习近平法治思想从系统思维出发，围绕建设中国特色社会主义法治体系这个总抓手进行整体谋划，提出加快形成完备的法律规范体系、高效的法治实施体系、严密的法治监督体系、有力的法治保障体系，形成完善的党内法规体系，把科学立法、严格执法、公正司法、全民守法等各个法治环节有机贯通起来，把法律制度、法治精神、法治意识、法治理念、法治文化等各个法治要素整合起来，真正使全面依法治国成为各个方面、各个环节有机融合、运行顺畅的系统工程，推动依法治国基本方略在实践中得以全面展开和有效落实，更好发挥出法治引领、规范、保障改革发展稳定的系统性功能。

（1）系统性。全面依法治国作为一项系统工程，意味着国家、政府、社会三个层面的法治功能在总体一致的前提下存在一定差异，形成了法治国家、法治政府、法治社会三个子系统。

习近平法治思想深刻把握国家、政府、社会等不同主体在全面依法治国中的不同地位和功能，形成了坚持依法治国、依法执政、依法行政，共同推进法治国家、法治政府、法治社会一体建设的全面依法治国工作布局。

其中，依法治国、依法执政、依法行政作为一个有机整体，关键在于党要坚持依法执政、各级政府要坚持依法行政；法治国家、法治政府、法治社会三者各有侧重、相辅相成，法治国家是法治建设的目标，法治政府是建设法治国家的主体，法治社会是建设法治国家的基础。

（2）整体性。整体观念是系统论的核心思想。任何系统都是由各个功能要素和各个组成部分组成的有机整体，但这些功能要素和各个组成部分并不是简单的机械组合，而是"整体大于其部分之和"。

习近平法治思想坚持发展地而不是静止地、全面地而不是片面地、系统地而不是零散地、联系地而不是孤立地观察、认识和处理推进全面依法治国面临的实践问题，统筹考虑国际国内形势、法治建设进程和人民群众法治需求，同推进国家治理体系和治理能力现代化要求相协同，同我国发展的战略目标相适应，确立全面依法治国顶层设计，整体谋划法治领域改革。

在习近平法治思想科学指引下，《法治中国建设规划（2020—2025年）》《法治政府建设实施纲要（2021—2025年）》《法治社会建设实施纲要（2020—2025年）》制定实施，从整体上明确了法治中国、法治政府、法治社会建设的路线图、施工图、时间表，促进全面依法治国整体发力、协同推进。

（3）协同性。增强协同性是发挥系统整体功能的内在要求。一个系统要形成整体性功能，关键在于系统的各个组成部分相互协同、功能耦合。

全面依法治国是由多个相互作用、相互关联的部分构成的整体，缺少任何部分、放松任何环节，都会影响法治建设成效。唯有统筹推进各个领域、各个方面的法治建设，才能更好推进全面依法治国。

习近平法治思想注重法治领域改革的系统集成、协同高效，明确相关工作需要统筹推进。例如，坚持依法治国与制度治党、依规治党统筹推进、一体建设；坚持依法治国和以德治国相结合；统筹发展和安全两件大事；把改革发展决策同立法决策更好结合起来，统筹推进国内法治和涉外法治，统筹立改废释纂；统筹制度改革和制度运行，注重各项改革协调推进，使各项改革相得益彰。

在习近平法治思想科学指引下，法治领域改革做到了全局和局部相配套、治本和治标相结合、渐进和突破相衔接，实现整体推进和重点突破有机统一。

3. 以"习近平社会治理法治思想"为引领,提高社会治理现代化水平

(1)凝聚共识、准确定位。在推进"四个体系"建设中,必须自觉坚持以"习近平社会治理法治思想"为引领,牢固树立"大平安理念",把推进"四个体系"建设、打造共建共治共享格局、加快建设"平安中国""法治中国"置入新时代"一个阶段、两个时段"战略目标任务的大局之中来谋划,确保中国特色社会主义事业在和谐稳定的社会环境中推进,营造社会治理人人有责,人人尽责的良好氛围,增强提高社会治理"四化"水平,打造"三共"格局,加快推进社会治理现代化的理论自觉、行动自觉。

(2)联动融合、增强治理活力。以信息化为支撑、网格化为平台、人本化为主导,推动"公共安全网络保障治理";创新以基层社区党建融合为纽带,推动街道社区与驻区单位结对共建、交叉任职、活动共联的"综合效用型治理";推行以政法综治机构为主导,综治联席单位和基层社区党组织为主体,搭建线上线下收集综治信息研判、社会突发事件快速反应、公共安全与社会服务跟踪督办统筹协调工作平台的跨行业跨部门的"联动协作型治理"等。

(3)开放共治、推动良政善治。一方面,政府破除了传统"等级特权""老大独尊""固步自封"等观念,增强平等合作意识、政社合作意识、开放共治意识、市场竞争意识、依法治理意识,善于组织调度公共资源和社会资源,善于通过制度创新消解传统管理体制对社会组织生成发展的障碍,形成权责明晰、依法自治的内控式协调约束机制。另一方面,社会组织和公民则需破除"看客心态""依赖意识"等旧观念,增强自觉参与意识、责任担当意识,既优化自身事务治理,形成"自我管理、自我服务、自我发展"的良好氛围,挖掘自身参与公共事务治理的潜力,发挥自身优势,促进政社合作共治与政府良政善治。

(4)依靠人民、扎根人民。坚持一切为了人民、一切依靠人民,把人民群众对民主、法治、公平、正义、安全、环境的新要求新期待作为推进社会治理创新的最高价值选择,把人民拥护不拥护、赞成不赞成、高兴不高兴、答应不答应、满意不满意作为衡量社会治理成效的根本标准。其具体路径包括:发展完善村(居)委会基层自治组织运行机制,提高其自治能力;推进村级事务公开决策机制建设;建立和完善一村(居)一法律副主任制度等。

(5)运用法治方式,提高治理效能。创新社会治理,提高其效能需要提高运用法治思维和法治方式破解社会治理难题的能力。一方面,要以中央省委关

于加快建成法治政府实施方案为契机，加快推进行政决策科学化、民主化、法治化建设。另一方面，需建立健全"外脑"制度，提升党政机关科学决策、依法决策、民主决策的能力和水平。建立与完善重大行政决策集体讨论制度、重大决策终身责任追究及责任倒查制度及其运行机制，增强决策的执行力和公信力。

（6）运用大数据、提高智能化水平。必须强化战略意识、大数据意识、"云平台"意识，打造统一规范、运行高效的"云城市""云社区"的大数据平台；开发与制定统一开放、共享应用的数据标准体系；建立健全数据资源收集、开发、应用、服务的现代管理体制；改革现代信息资源管理服务与安全保障体制，探索建立适应执政、立法、行政、监察、司法、法律监督、社会组织自治、政社合作共治、国际开放合作交流的信息资源管理服务与安全运行机制。

二、网格化的法律体系

法律体系在层级上由宪法、法律、行政法规、地方性法规组成。在法律部门上，由宪法相关法、民法、商法、行政法、经济法、社会法、刑法、诉讼与非诉讼程序法等多个法律部门组成。在全面依法治国背景下，网格化社会治理不应该游离于法治之外，也应拥有自己的法律体系。

在法律层面，目前我国网格化社会治理没有具体上层的法律，但在实践过程中，针对网格化社会治理的具体内容，相应地遵循我国颁布的法律。如《中华人民共和国宪法》《中华人民共和国安全生产法》等。

针对网格化相关的地方性法规，主要有《城乡网格化服务管理办法》，比如江苏省人民政府令第141号《江苏省城乡网格化服务管理办法》（2021年1月1日施行）和《网格员管理办法》；山西、福建、上海等地出台的自己本地区的《网格员管理办法》《网格化服务管理实施细则》《城乡网格化服务管理条例》等。

三、网格化服务管理的法治化

网格化服务管理因其可复制的运行模式以及较好的社会治理效果，被各级地方政府加以推广运用。随着科技与信息化水平的不断发展，人们的社会生活也发生着天翻地覆的变化。人们日益增长的需求与社会发展之间的矛盾也越发成为当今基层社会治理的一大挑战。基层网格化治理是现代社会治理的创新实践，必须在法治轨道下依法推进。

因此，网格化治理的应对策略应立足智慧时代的生产方式、生活方式、行为方式和价值观念深刻变革的客观现实，以适时确立智慧治理法治化的价值理念和规制路径，进而指导和践行基层的网格化智慧治理，积极塑造智慧时代的基层治理法治秩序。

培训课程 2

网格化社会治理国家标准

一、《数字化城市管理信息系统》（GB/T 30428）

为规范数字化城市管理信息系统的建设与运行，推进城市管理数字化、精细化，加快数字化城市管理向智慧化升级，提高城市管理和公共服务的水平与效率，住房和城乡建设部制定《数字化城市管理信息系统》（GB/T 30428）系列国家标准。

1. 整体概况

《数字化城市管理信息系统》系列国家标准涉及的数字化城市管理是指对城市市政工程设施、市政公用设施、市容环境与环境秩序等的监督与管理，分为单元网格，管理部件和事件，地理编码，绩效评价，监管信息采集设备，验收，监管信息采集，立案、处置和结案，系统设置，社会监督信息受理10个部分。

2. 内容概要

（1）单元网格。本部分规定了数字化城市管理单元网格的划分原则、编码规则、数据要求和图示表达等。适用于数字化城市管理信息系统建设与运行的单元网格划分和管理。

（2）管理部件和事件。本部分规定了数字化城市管理信息系统管理部件和管理事件分类、编码及数据要求、专业部门编码规则，以及管理部件和事件类型扩展规则。适用于数字化城市管理信息系统的管理部件和事件数据获取、管理与应用。

（3）地理编码。本部分规定了数字化城市管理信息系统地理编码的一般要求、基本地点数据内容、地理编码规则和数据质量要求，适用于数字化城市管理信息系统基本地点数据的采集、地理编码及应用。

（4）绩效评价。本部分规定了数字化城市管理绩效评价的基本规定、评价周期、评价指标、评价方法、评价实施与保障和外部评价。适用于运用数字化城市管理信息系统的城市、监管区域、专业部门和岗位工作绩效进行的评价。

（5）监管信息采集设备。本部分规定了数字化城市管理信息系统中监管信息采集设备的要求，应用软件功能、性能要求和其他要求等。适用于数字化城市管理信息系统信息采集设备的选型和应用软件开发。

（6）验收。本部分规定了数字化城市管理信息系统模式建设和运行效果验收一般规定、验收内容、验收指标与评分以及验收结论等。适用于对数字化城市管理信息系统模式建设和运行效果的验收。

（7）监管信息采集。本部分规定了数字化城市管理信息系统监管信息采集的一般规定、流程与要求、管理要求和质量评价等。适用于数字化城市管理信息系统监管信息的采集。

（8）立案、处置和结案。本部分规定了数字化城市管理信息系统立案、处置和结案的案件分类依据，工作时限规定、管理要求、应用要求及智能化智能拓展应用。适用于数字化城市管理信息系统立案、处置和结案。

（9）系统设置。本部分规定了数字化城市管理信息系统的建设与运行模式、地理空间数据、数据库、系统功能与性能、系统运行环境、系统建设与验收和系统维护等。适用于数字化城市管理信息系统的设计、建设和运行。

（10）社会监督信息受理。本部分规定了数字化城市管理信息系统社会监督信息受理的一般规定、流程、要求以及满意度调查等。适用于数字化城市管理信息系统中社会监督信息受理和满意度调查。

二、《城乡社区网格化服务管理规范》（GB/T 34300—2017）

《城乡社区网格化服务管理规范》适用于全国城乡社区网格化服务管理工作，也适用于指导尚未开展农村社区建设的行政村的网格化服务管理工作。

1. 整体概况

《城乡社区网格化服务管理规范》规定了城乡社区网格化服务管理的总体目

标、网格划分、工作机构和运行方式、设施和经费保障等方面的要求。

2. 内容概要（详见表 5-1）

表 5-1 《城乡社区网格化服务管理规范》内容概要

模块	核心内容
术语和定义	社会治安综合治理、社会治安综合治理中心、社会治安综合治理信息系统、公共安全视频监控建设联网应用、雪亮工程、网格、总体目标、网格划分
人员组成	领导人员、工作人员、网格管理员、社会力量
功能定位	基础信息采集，社情民意收集，安全隐患排查整治，矛盾纠纷排查化解，参与做好社会心理服务、疏导和危机干预，政策法律法规宣传，公共服务代办，深入开展数据分析，参与系列平安建设活动，落实党委、政府或上级网格化服务管理中心交办的其他事项
任务的流转办理	对于在网格化服务管理中了解到的群众诉求、发现的问题隐患等，应当依托综治信息系统、运用现代信息技术，统一做好源头发现、采集建档、分流交办、检查督促、结果反馈等，形成闭环工作流程
设施要求	一般要求、信息系统
经费保障	由各级人民政府及其财政部门对社会治安综合治理和平安建设经费予以合理保障，将应由政府承担的经费按规定纳入同级财政预算，"权随责走、费随事转"，保证网格化服务管理中心和综治中心建设、运行、维护等工作顺利开展将网格化服务管理纳入社区服务工作或群防群治管理，通过政府购买服务等方式加强社会治安防控网建设，对城市流动人口、农村留守人员、困难群体、特殊人群社会服务等工作，可按照有关政策纳入政府购买服务项目库，加大经费投入，提高保障水平。可以通过政府购买服务等方式，将矛盾纠纷多元化解工作委托给社会力量承担，并进行绩效评价

具体内容详见附录。

三、《社会治安综合治理基础数据规范》（GB/T 31000—2015）

《社会治安综合治理基础数据规范》的公布与实施，是社会治安综合治理领域的一件大事，标志着社会治安综合治理工作逐步走上规范化、标准化、信息化轨道。

综治信息系统总体框架采用"9+X"模式。"9"是根据现阶段综治业务需要，设置九大基础应用模块，包括综治组织及综合业务、实有人口、特殊人群、重点青少年、非公有制经济组织和社会组织、社会治安、矛盾纠纷排查化解、校园及周边安全、护路护线等，在此基础上实现大数据挖掘、研判分析、统计报表、综合查询等深度应用。"X"是各地、各层级根据业务工作需要进行的个性化定制和扩展延伸。

综治信息系统建设应严格落实国家信息安全等级保护制度，大力推广应用国产信息技术与产品，加强关键应用技术创新，建立健全以自主知识产权为核心的网络安全关键技术保障机制，实现对网络设施、业务应用和信息资源的安全保护，确保信息系统运行安全、可管可控。

培训课程 3

《中华人民共和国民法典》相关规定

《中华人民共和国民法典》（以下简称《民法典》）于 2020 年 5 月 28 日由第十三届全国人大三次会议表决通过，2021 年 1 月 1 日起正式施行。

《民法典》共分为 7 编，依次为总则编、物权编、合同编、人格权编、婚姻家庭编、继承编、侵权责任编以及附则，共包含法条 1 260 条，通篇贯穿以人民为中心的发展思想，着眼于满足人民对美好生活的需要。

《民法典》对公民的人身权、财产权、人格权等作出明确翔实的规定，并规定侵权责任，明确权利受到削弱、减损、侵害时的请求权和救济权等，体现了对人民权利的充分保障，被誉为"新时代人民权利的宣言书"。作为民事领域的根本大法，《民法典》也被誉为"社会生活的百科全书"。其内容大到国家所有制和产权保护制度，小到百姓生产生活、邻里纠纷、婚姻家庭、个人信息与隐私保护都可以在民法典中找到依据。

一、总则编及案例分析

1. 总则编概述

总则编是《民法典》的开篇之作，如图 5-1 所示，对《民法典》其他各编起统领作用。总则编共十章 204 条，主要涉及了民法的基本原则、民事主体制度、民事权利、民事法律行为和代理、民事责任以及诉讼时效等内容。

2. 总则编亮点解读

（1）胎儿享有继承权。涉及遗产继承、接受赠与等胎儿利益保护的，胎儿视为具有民事权利能力。但是胎儿娩出时为死体的，其民事权利能力自始不存在。

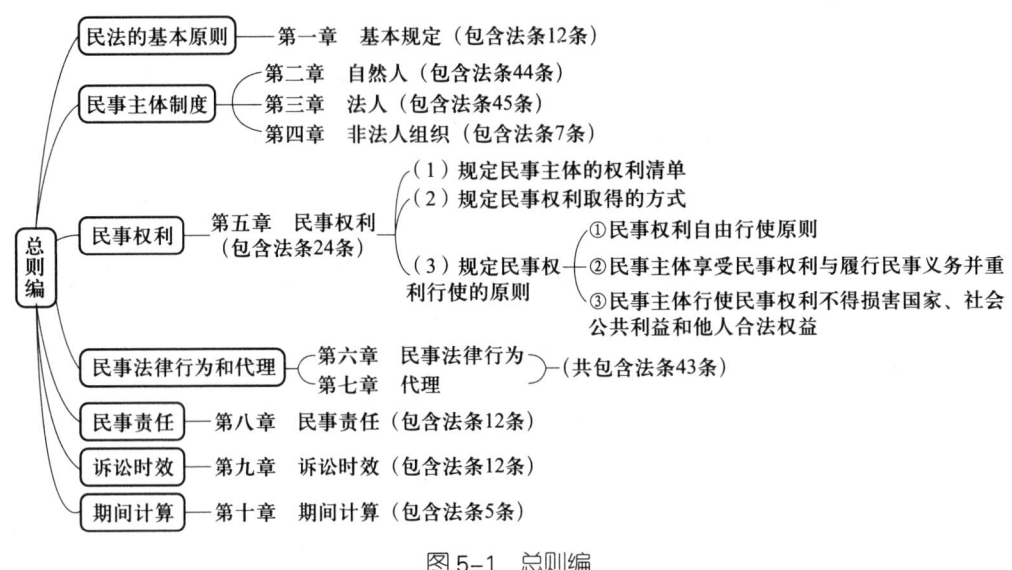

图 5-1 总则编

（2）八周岁以上未成年人为限制民事行为能力人。八周岁以上的未成年人为限制民事行为能力人，实施民事法律行为由其法定代理人代理或者经其法定代理人同意、追认，但是可以独立实施纯获利益的民事法律行为或者与其年龄、智力相适应的民事法律行为。

（3）失能老人为限制民事行为能力人。不能完全辨认自己行为的成年人为限制民事行为能力人，实施民事法律行为由其法定代理人代理或者经其法定代理人同意、追认，但是可以独立实施纯获利益的民事法律行为或者与其智力、精神健康状况相适应的民事法律行为。

（4）基层群众性自治组织法人为特别法人。居民委员会、村民委员会具有基层群众性自治组织法人资格，可以从事为履行职能所需要的民事活动。未设立村集体经济组织的，村民委员会可以依法代行村集体经济组织的职能。

（5）个人信息和网络虚拟财产受保护。自然人的个人信息受法律保护。任何组织和个人需要获取他人个人信息的，应当依法取得并确保信息安全，不得非法收集、使用、加工、传输他人个人信息，不得非法买卖、提供或者公开他人个人信息。法律对数据、网络虚拟财产的保护有规定的，依照其规定。

（6）见义勇为非重大过失不承担民事责任。因保护他人民事权益使自己受到损害的，由侵权人承担民事责任，受益人可以给予适当补偿。没有侵权人、侵权人逃逸或者无力承担民事责任，受害人请求补偿的，受益人应当给予适当补偿。

因自愿实施紧急救助行为造成受助人损害的，救助人不承担民事责任。

（7）诉讼时效延长至三年。向人民法院请求保护民事权利的诉讼时效期间为三年。法律另有规定的，依照其规定。

（8）未成年人遭性侵，成年后依旧可起诉。未成年人遭受性侵害的损害赔偿请求权的诉讼时效期间，自受害人年满十八周岁之日起计算。

3. 总则编案例解析

【案例1】小李在一场车祸中不幸身亡，留下了母亲和怀孕的妻子，婆媳二人伤心过后决定分配小张留下的遗产，张母主张遗产平分，张妻表示自己腹中胎儿也应具有遗产继承权。

【解析】案例中，被继承人的配偶已经怀孕，根据《民法典》总则编第十六条规定，即便胎儿尚未出生，在涉及遗产继承、接受赠与等胎儿利益保护的方面，胎儿视为具有民事权利能力。也就是说，即便胎儿还未出生，也具有继承权，必须为胎儿保留继承份额。但是需要注意的一点是，如果胎儿分娩出来是死体的话，死去的胎儿将不再参与遗产分配。

【案例2】王先生的妻子早年因车祸去世，三年后，王先生也因病逝世，家中留下一名7岁的孩子，在无其他监护人的情况下，孩子应当由谁来照料？

【解析】《民法典》总则编第三十四条规定，因发生突发事件等紧急情况，监护人暂时无法履行监护职责，被监护人的生活处于无人照料状态的，被监护人住所地的居民委员会、村民委员会或者民政部门应当为被监护人安排必要的临时生活照料措施。也就是说，在突发事件中，如果家长等监护人无法履行监护职责，则由居委会、村委会和民政部门兜底，负责照料被监护人的生活。这一全新规定有效解决了突发情况下监护人缺失，被监护人人身财产安全如何得到有效保障的问题，体现了《民法典》与时俱进的时代精神。

【案例3】小丽的孩子浩浩是个很乖的男孩子，9岁时就能帮助妈妈买菜。小丽因忙碌无法陪伴浩浩时，就会让他玩手机。浩浩10岁时，观看网络直播，并学着别人帮主播刷"火箭"，但他并不理解购买这些东西扣的是妈妈银行卡上的钱，短短几天就花了两万元。小丽知道后又急又气，这笔钱还有可能追回吗？

【解析】《民法典》总则编第十九条规定，八周岁以上的未成年人为限制民事行为能力人，实施民事法律行为由其法定代理人代理或者经其法定代理人同意、追认；限制民事行为能力人可以独立实施纯获利益的民事法律行为或者与其年龄、智力相适应的民事法律行为。对于本案例中的浩浩来说，买菜、打酱油的行为与其年龄、智力相适应,该行为在民法上是有效行为。但与买菜不同,浩浩观看网络直播,打赏主播两万元的行为明显与其年龄、智力不相适应,且属于非纯获利益的民事法律行为。因此,若能证明浩浩的打赏行为确实未经监护人的同意、追认,小丽可以要求平台返还相应的款项。

【案例4】7岁的豆豆非常喜欢打游戏,多次请求父母为自己购买一台游戏机,但是父母每次都严词拒绝,豆豆对此非常不解和伤心。某天,豆豆谎称去同学家写作业,途中走进一家二手商店,在其父亲不知情的情况下,将父亲送给他的一块价值1 000元的电子手表以600元的价格卖给了二手商店,准备第二天去商场购买游戏机。晚上,豆豆心里既内疚又害怕,于是向父母坦陈了一切。豆豆的父母能够要求二手商店退还该手表吗?

【解析】《民法典》第二十条规定,不满八周岁的未成年人为无民事行为能力人,由其法定代理人代理实施民事法律行为。这意味着其独自实施的民事法律行为是无效的。具体到本案例中,由于豆豆只有7岁,属于无民事行为能力人,所以豆豆将价值1 000元的手表卖给二手商店这一行为是无效的。对此,豆豆的父母可依据豆豆是无民事行为能力人这一理由,要求二手商店退还手表。同时,豆豆的父母也需要返还商店支付给豆豆的600元。

【案例5】6岁的小明在母亲病逝后,一直与父亲共同生活。然而,小明的父亲经常酗酒,每次喝醉后都会打骂小明,甚至多次将小明打伤住院。当地居民委员会知道后,准备向法院申请撤销小明父亲的监护资格,法院是否可以撤销小明父亲的监护资格?

【解析】为了更好地督促监护人履行监护职责,保障被监护人的合法权益,《民法典》第三十六条规定了撤销监护资格的情形。如果监护人在监护过程中怠于履行监护职责、无法履行监护职责且拒绝将监护职责部分或者全部委托给他人,导致被监护人处于危困状态的,或者严重损害被监护人身心健康,甚至侵害被监护人合法权益的,有关个人、组织可以向法院申请撤销监护人的监护资格。

根据《民法典》规定,"有关个人和组织"的范围非常广泛,具体包括其他依法具有监护资格的人、居民委员会、村民委员会、学校、医疗机构、妇女联合会、残疾人联合会、未成年人保护组织、依法设立的老年人组织、民政部门等。

【案例6】小新四年前借给朋友一笔钱,但朋友一直不还。两年前,她曾经索要过这笔欠款,朋友发短信说再缓缓,这笔钱会还的,可是又过了两年仍没有归还。当小新拿着借条向朋友索要这笔欠款时，朋友却说早就过了诉讼时效，拒不还钱。小新还可以向朋友继续索要欠款吗？

【解析】《民法典》总则编第一百八十八条规定，向人民法院请求保护民事权利的诉讼时效期间为三年。法律另有规定的，依照其规定。同时《民法典》总则编还规定了诉讼时效中断的情形。有下列情形之一的，诉讼时效中断，从中断、有关程序终结时起，诉讼时效期间重新计算：权利人向义务人提出履行请求；义务人同意履行义务；权利人提起诉讼或者申请仲裁；与提起诉讼或者申请仲裁具有同等效力的其他情形。在三年诉讼时效期间内，小新曾向其朋友索要欠款，并且朋友允诺还钱，诉讼时效因此而中断，而重新起算的诉讼时效期间并未超过三年，小新可以依法维护自己的合法权益。

二、物权编及案例分析

1. 物权编概述

物权是民事主体依法享有的重要财产权。物权法律制度调整因物的归属和利用而产生的民事关系，是最重要的民事基本制度之一。《民法典》第二编"物权编"在现行物权法的基础上，按照党中央提出的完善产权保护制度，健全归属清晰、权责明确、保护严格、流转顺畅的现代产权制度的要求，结合现实需要，进一步完善了物权法律制度。物权编共五个分编、二十章、258条。物权编的结构如图5-2所示。

2. 物权编亮点解读

（1）新设添附制度。添附是指不同所有人的物结合在一起从而形成不可分离的物或者具有新物性质的物。《民法典》规定了加工、附合、混合三种添附形式，如物件加工、材料生产、房屋增建、房屋装修等。

（2）三权分置——增加土地经营权的规定。以适应"三权分置"后土地经营权入市的需要，《民法典》物权编增加土地经营权的规定，并删除耕地使用权不得抵押的规定。

（3）完善建筑物区分所有权制度。适当降低业主共同决定事项，特别是使用建筑物及其附属设施维修资金的表决门槛，增加规定紧急情况下使用维修资金的特别程序。

（4）细化住宅建设用地使用权的自动续期规则。《民法典》规定了住宅建设用地使用权届满自动续期，有利于保护房屋产权人的合法权益。《物权法》规定

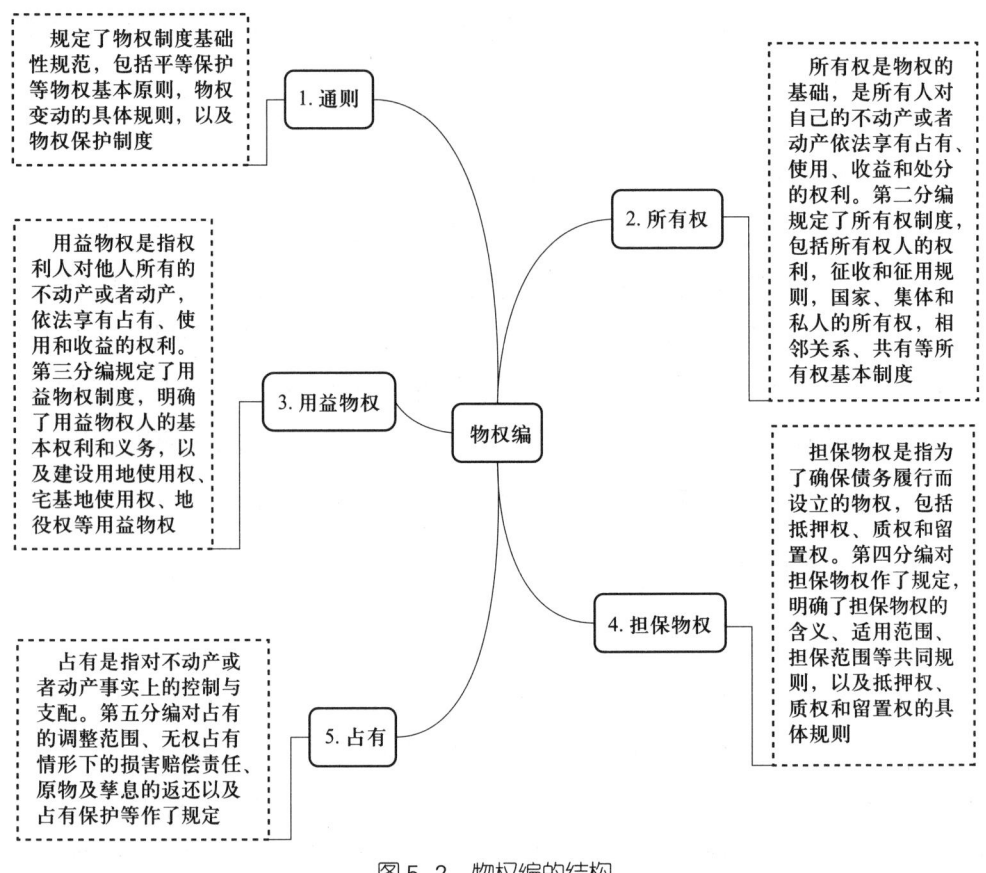

图 5-2 物权编的结构

使用期限最长七十年,如继续使用需再签订合同,缴纳费用。是否缴纳费用、缴纳多少费用等问题,《民法典》授权单行法律和行政法规以后规定。

(5)居住权入法。为加快建立多主体供给、多渠道保障住房制度的要求,增加规定"居住权"这一新型用益物权,明确居住权原则上无偿设立,居住权人有权按照合同约定或者遗嘱,经登记占有、使用他人的住宅,以满足其稳定的生活居住需要。

(6)动产质押和权利质押登记制度相统一。"物权编"删除了《物权法》中动产质押和权利质押具体登记机构的内容,为今后建立统一的动产质押和权利质押登记制度留下空间。

(7)扩大担保合同的范围。为优化营商环境提供法治保障,《民法典》在现行《物权法》规定的基础上,进一步完善了担保物权制度,明确融资租赁、保理、所有权保留等非典型担保合同的担保功能,增加规定担保合同,包括抵押合同、质押合同和其他具有担保功能的合同。

3. 物权编案例分析

【案例1】 某物业公司擅自出租小区外墙、电梯广告位，收取租金据为己有。据此，业主小高将物业公司起诉至法院，认为物业公司需要将租金提交给业主大会共同决定。法院会如何判决？

【解析】《民法典》第二百七十八条规定，改变共有部分的用途或者利用共有部分从事经营活动由业主共同决定。这有利于小区业主行使自治权，维护小区业主整体利益。

【案例2】 付阿姨购买一小区住宅现房，但未能即时办理商品房预告登记。开发商见房价大涨，出于利益驱动，"一房二卖"出售给张先生，即时办理了预告登记和不动产登记。付阿姨遭遇权利损害，应当如何处理？

【解析】《民法典》第二百二十一条规定，当事人签订买卖房屋的协议或者签订其他不动产物权的协议，为保障将来实现物权，按照约定可以向登记机构申请预告登记。预告登记后，未经预告登记的权利人同意，处分该不动产的，不发生物权效力。预告登记后，债权消灭或者自能够进行不动产登记之日起九十日内未申请登记的，预告登记失效。

房屋买卖协议不能产生物权效力，其物权存在许多不确定性；为防止"一房二卖"等道德风险，买房人在房屋买卖过程须即时办理预告登记，即时获得不动产权证。

【案例3】 杨奶奶拥有A住房，晚年一直由保姆李阿姨陪护，彼此亲密无间。杨奶奶看到李阿姨60多岁，孤身一人，担心自己过世后，李阿姨无房居住。杨奶奶自书遗嘱，在自己去世后，女儿继承A住房；李阿姨有生之年对该住房享有永久居住权。杨奶奶过世后，女儿对外出让住房，要求李阿姨搬走。李阿姨应当如何处理？

【解析】《民法典》第三百六十六条规定，居住权人有权按照合同约定，对他人的住宅享有占有、使用的用益物权，以满足生活居住的需要。第三百七十一条规定，以遗嘱方式设立居住权的，参照适用本章的有关规定。

居住权是一种用益物权，是对特殊困难群体"住有所居"在法律上的特别保障，可以对抗新的所有权人、抵押权人、继承人……但是，居住权人不能将其出租、出让、继承，这有利于实现物权的平衡性。

【案例4】 某住宅小区业委会要求物业公司将该小区预收的物业管理费、各类押金、小区共有部分收益等232万元即时移交该业委会，遭到物业公司的拒绝。业委会应当如何处理？

【解析】《民法典》第二百八十二条规定，建设单位、物业服务企业或者其他管理人等利用业主的共有部分产生的收入，在扣除合理成本之后，属于业主共有。

小区共有部分产生收益归属权的确存在大量争议。新法既鼓励各方主体利用共有部分创造社会价值、经济价值，又明确净收益归属小区业主，这有利于实现利益平衡。

三、合同编及案例分析

1. 合同编概述

《民法典》中"合同编"共包含法条526个，其法条数量几乎占《民法典》法条总数的"半壁江山"。合同编共分为"通则""典型合同""准合同"三个分编。合同编的结构如图5-3所示。

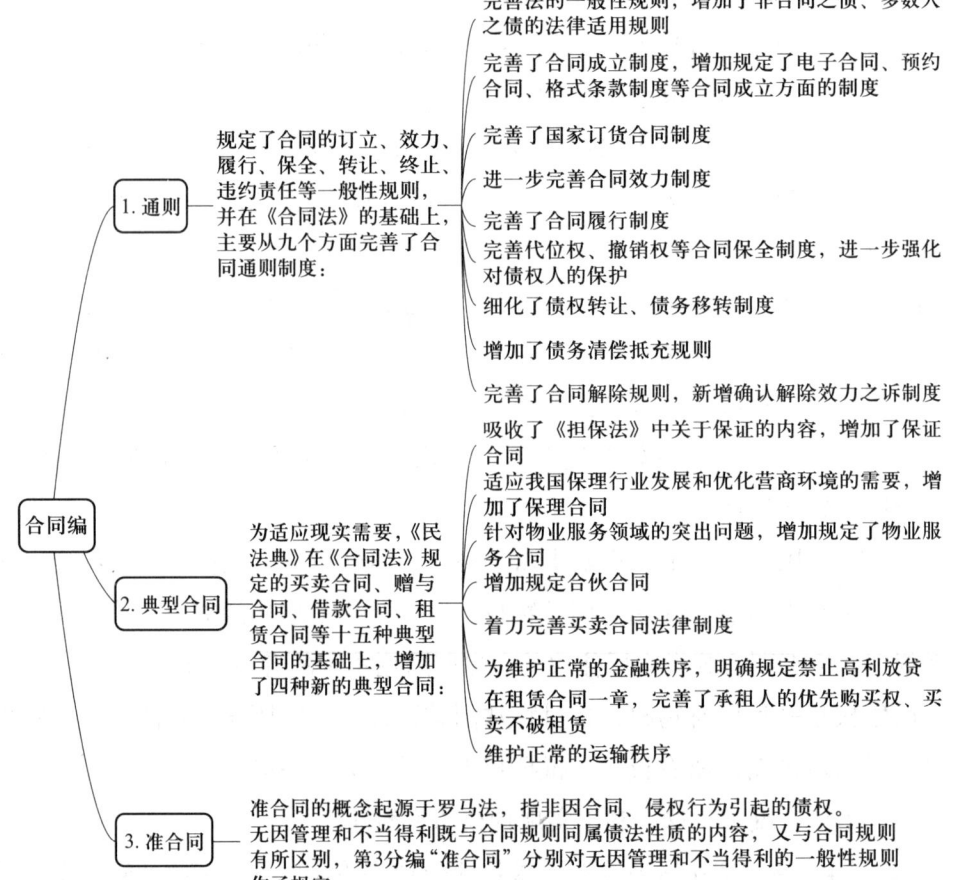

图 5-3　合同编的结构

2. 合同编亮点解读

（1）电子合同具备法律效力。为了适应电子商务快速发展以及百姓网购需求的增多，民法典规定，数据电文也具有法律效力，这意味着纸质合同将逐步退出互联网时代。

（2）明确可客运合同当事人的权利义务。针对近年来客运合同领域出现的旅客霸座、不配合承运人采取安全措施等严重干扰运输秩序和危害运输安全的问题，民法典细化可客运合同当事人的权利义务。

（3）完善格式条款制度。对于"禁止自带酒水""特价、促销商品概不退换"等霸王条款，民法典完善了格式条款制度。

（4）规定物业服务合同。针对物业服务领域的突出问题，民法典增加规定物业服务合同，为百姓解决物业纠纷提供法律依据。

（5）禁止高利贷。针对近年来各界反映强烈的高利贷问题，草案明确规定禁止高利放贷，借款的利率不得违反国家的有关规定。

（6）增加承租人优先承租权。为落实党中央提出的建立租购同权住房制度的要求，保护承租人的利益，民法典增加规定房屋承租人的优先承租权。

3. 合同编案例分析

【案例1】李某对电商平台销售的"二手包"很喜欢，当即成功下单购买。两天后，李某反悔，要求取消"二手包"订单。电商平台回复"因买卖合同已成立，且物品已发货，如要退货，应当承担违约责任"。李某取消订单的要求合理吗？

【解析】《民法典》第四百九十一条规定，当事人采用信件、数据电文等形式订立合同要求签订确认书的，签订确认书时合同成立。当事人一方通过互联网等信息网络发布的商品或者服务信息符合要约条件的，对方选择该商品或者服务并提交订单成功时合同成立，但是当事人另有约定的除外。为了适应电子商务的快速发展，方便百姓网购需求，赋予数据电文法律效力，以利于互联网交易安全。该合同有效，因此李某应负违约责任。

【案例2】韩某邀请朋友在酒店用餐，顺便将其自购白酒、饮料等酒水带到酒店饮用，结账时，韩某被该酒店罚款200元。酒店的做法合理吗？

【解析】《民法典》第四百九十七条规定，有下列情形之一的，该格式条款无效：提供格式条款一方不合理地免除或者减轻其责任、加重对方责任、限制对方主要权利；提供格式条款一方排除对方主要权利。酒店消费规则类似于格式合同条款，法律不支持"禁止自带酒水""特价、促销商品概不退换"等霸王条款，因此酒店的做法不合理，韩某可拒绝支付罚款。

【案例3】小王与小宋签订借款合同，合同约定：（1）小宋借出100万元给小王，借款期限为半年；（2）该借款由小王在借款到期后3日内直接归还第三人小张，到期未归还借款的，应向小张承担违约责任。借款到期后，小王拒不向小张清偿借款。小张应当如何处理？

【解析】《民法典》第五百二十二条规定，当事人约定由债务人向第三人履行债务，债务人未向第三人履行债务或者履行债务不符合约定的，应当向债权人承担违约责任。法律规定或者当事人约定第三人可以直接请求债务人向其履行债务，第三人未在合理期限内明确拒绝，债务人未向第三人履行债务或者履行债务不符合约定的，第三人可以请求债务人承担违约责任；债务人对债权人的抗辩，可以向第三人主张。第三人小张已实际置换了债权人小宋的地位，小张可直接向小王主张债权和违约责任。

【案例4】为迎接中秋，某家电城举办大宗电器试用活动，指定电器可试用7天，试用满意再付价款，不满意则可以退货。赵先生满心欢喜地领回了一台空调试用。结果才过两天，空调外机就被台风刮起的杂物损坏。赵先生通知家电城将空调运回，却被告知要赔偿空调外机的费用。销售经理表示，免费试用不满意退回，应该是完好无损地退回，因此应当予以赔偿。对此，赵先生应当如何处理？

【解析】《民法典》第六百四十条规定，标的物在试用期内毁损、灭失的风险由出卖人承担。本案例中，赵先生试用的空调在正常使用过程中，外机被台风刮起的杂物损坏，损失应该由家电城承担，赵先生无须赔偿。当然，试用人应合理地使用试用品。若试用人不当使用，比如堆放杂物挡住空调散热口致空调损坏，则应对试用品的损坏承担赔偿责任。

【案例5】小李在公司年会上抽中一台电脑，想到好友小王的生日将近，而且自己已经有电脑，于是许诺小王在其生日当天将电脑作为生日礼物送给他。小王一想到即将收到新电脑便激动不已。可就在小王生日前一天，小李不小心将咖啡洒到了自己的电脑上，导致电脑彻底报废，于是小李打算自用抽中的电脑。生日当天，小王向小李索要电脑。请问小李可以拒绝吗？

【解析】《民法典》对赠与问题进行了规定，第六百五十八条规定，赠与人在赠与财产的权利转移之前可以撤销赠与。虽然鼓励言而有信、言出必行，但考虑到赠与是赠与人将自己的财产无偿给予受赠人，应当给予赠与人反悔的空间，尤其是因一时冲动欠考虑的赠与或者受赠人侵害赠与人权益时，如不允许赠与人反悔，是有失公允的。因此，小李在将电脑交付小王之前，可以反悔。

【案例6】李某在美国留学多年，于2018年年底回国，约了自己多年未见的朋友张某叙旧。李某送给张某一口从美国带回的高压锅。随后，张某在使用高压锅时，因高压锅发生爆炸而受伤住院。康复出院后，张某找到李某索要住院治疗花去的医药费。李某断然拒绝，他认为自己好意送给张某礼物，张某受伤是由高压锅爆炸造成的，应该找生产企业索赔，与自己无关。张某可以要求李某支付医药费吗？

【解析】《民法典》第六百六十二条规定，赠与的财产有瑕疵的，赠与人不承担责任。附义务的赠与，赠与的财产有瑕疵的，赠与人在附义务的限度内承担与出卖人相同的责任。赠与人故意不告知瑕疵或者保证无瑕疵，造成受赠人损失的，应当承担赔偿责任。

《民法典》第六百六十二条规定体现了三种情况：一是好意赠与却办了坏事，赠与人不需要负责；二是附义务的赠与，赠与人要在所附义务的限度内承担责任；三是明知送的东西有瑕疵，隐瞒不说，还照送不误，赠与人要承担责任。

《民法典》如此规定，是想宽待那些"好心办坏事"的人，不会因为过于严苛的责任阻碍人与人之间的交往。若李某通过正规渠道购买合格的高压锅后无条件送给张某，则对高压锅爆炸给张某造成的损害无须承担责任。倘若李某是看中了张某的园艺技艺，向其许诺，如果张某为李某修剪苗圃，就送张某一口高压锅且张某欣然接受。在这种情况下，李某就要在苗圃修剪服务的价值限度内对张某所遭受的损害承担责任。

【案例7】大学生章某在学校附近租了一套公寓，租金每月1 000元，租期4年。眼看还有3个月就要到期了，章某因为要继续读研，打算续租3年，但还没来得及告诉房东。一日，房东带刘某来看房。章某这才知道，房东已经和刘某约定以每月1 200元的租金将房子租给刘某。章某向房东表明自己想要续租，但被房东拒绝。章某有权要求房东继续将房子租给自己吗？

【解析】《民法典》第七百三十四条规定，租赁期限届满，承租人继续使用租赁物，出租人没有提出异议的，原租赁合同继续有效，但是租赁期限为不定期。租赁期限届满，房屋承租人享有以同等条件优先承租的权利。

本案例中，房东打算在与章某的租赁合同到期后，将公寓出租给出价更高的刘某。章某若想继续租赁该公寓，就要支付每月1 200元的租金。否则，章某无权要求房东将公寓继续租给自己。

【案例8】孙某持硬座票霸座商务软座位。乘务员向孙某释明：如果不回到对应座位入座，需要孙某补票或下车。乘务员的行为有法律依据吗？

【解析】《民法典》第八百一十五条规定，旅客应当按照有效客票记载的时间、班次和座位号乘坐。旅客无票乘坐、超程乘坐、越级乘坐或者持不符合减价条件的优惠客票乘坐的，应当补交票款，承运人可以按照规定加收票款；旅客不支付票款的，承运人可以拒绝运输。

《民法典》如此规定，有利于治理客运合同派生的旅客霸座乱象，有利于维护运输安全秩序，规范民众文明乘车行为。乘务员行为能得到法律支持。

【案例9】尹先生在某房地产开发商处购置了一套位于一楼的商品房。装修完毕后，尹先生一家搬入新房。某日，尹先生接到物业公司信件，通知尹先生缴纳物业费。尹先生发现，物业费的构成包括了电梯使用费，但尹先生一家住在一楼，从未使用过电梯。尹先生请物业公司免除其电梯使用费被拒，为此尹先生拒交物业费。此后，物业公司向尹先生多次发出物业费催缴通知，并警告尹先生，若不缴费，后果自负，但尹先生始终置之不理。某日，尹先生带着妻儿回家后发现家里停水、停电。他联系物业才知道，因未缴纳物业费，物业公司对尹先生房屋采取断水、断电措施。请问，尹先生有权要求减免物业费吗？物业公司的做法合法吗？

【解析】《民法典》第九百四十四条规定，业主应当按照约定向物业服务人支付物业费。物业服务人已经按照约定和有关规定提供服务的，业主不得以未接受或者无须接受相关物业服务为由拒绝支付物业费。

具体到本案例中，尹先生无权以未使用电梯为由，要求减少物业费，因此他拒绝缴纳物业费的行为属于违约行为。但是即便如此，物业公司也只能采取合理措施要求尹先生缴纳物业费。根据《民法典》第九百四十四条规定，物业公司在催缴物业费时，必须采取合理措施提醒和催缴，不得采取停止供电、供水、供热、供燃气等方式。就本案例来说，物业公司采取的断水、断电的措施是违法的，尹先生有权就造成的损失向物业公司主张赔偿。

【案例10】某小区物业公司服务管理质量很差，但催收物业费却很急，导致业主不满。小区业主应该如何处理此事？

【解析】《民法典》第九百四十六条规定，业主依照法定程序共同决定解聘物业服务人的，可以解除物业服务合同。决定解聘的，应当提前六十日书面通知物业服务人，但是合同对通知期限另有约定的除外。

物业服务领域引发的纠纷频发，法律规定物业服务退出机制，有利于督促物业服务质量提升，化解物业纠纷。本案例中，业主可通过小区业主大会决定解聘现物业公司，重新选聘物业公司。

四、人格权编及案例分析

1. 人格权编概述

《民法典》人格权编共六章，51条，人格权编结构示图如图5-4所示。《民法典》第九百九十条规定，人格权是民事主体享有的生命权、身体权、健康权、姓名权、名称权、肖像权、名誉权、荣誉权、隐私权等权利。

人格权中的一般人格权，是指人格平等、人格独立、人格自由、人格尊严等一般性人格利益，法律保护其对自己人格的支配权利，排斥他人干涉的权利。而其他人格权包括生命权、健康权、身体权、姓名权、肖像权等权利分布在各个单行法的规范当中。

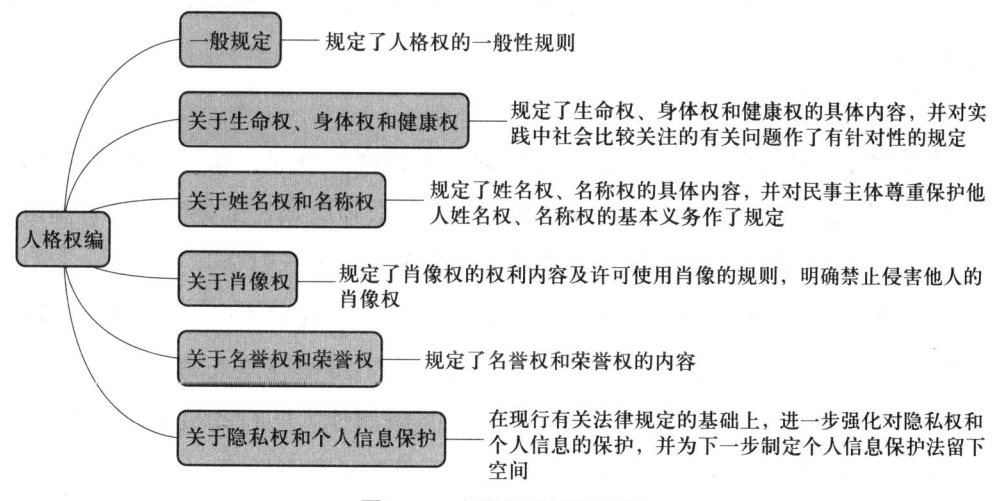

图5-4 人格权编结构示图

2. 人格权编亮点解读

（1）确立器官捐献的基本规则。《民法典》规定完全民事行为能力人同意捐献器官的，应当采用书面形式或者遗嘱形式。自然人生前未表示不同意捐献的，该自然人死亡后，其配偶、成年子女、父母可以共同决定捐献，决定捐献应当采用书面形式。

（2）规定性骚扰的认定标准。《民法典》规定了性骚扰的认定标准，以及机关、企业、学校等单位防止和制止性骚扰的义务。

（3）姓名权、名称权的扩张保护。明确对具有一定社会知名度，被他人使用足以造成公众混淆的笔名、艺名、网名等，参照适用姓名权和名称权保护的有关规定。

（4）禁止非法收集个人信息。针对利用信息技术手段"深度伪造"他人的肖像、声音，侵害他人人格权益，甚至危害社会公共利益等问题，规定禁止任何组织或者个人利用信息技术手段伪造等方式侵害他人的肖像权。

（5）传递谣言将承担责任。对行为人实施新闻报道、舆论监督等行为涉及的民事责任承担，以及行为人是否尽到合理核实义务的认定等作了规定。

（6）侵犯隐私权行为具体化。随着信息化时代的发展，侵犯隐私权的手段愈发隐蔽多样，此次《民法典》与时俱进，规定了隐私的定义，列明禁止侵害他人隐私权的具体行为。

（7）保护个人信息。明确了处理个人信息应遵循的原则和条件，构建自然人与信息处理者之间的基本权利义务框架，合理平衡保护个人信息与维护公共利益之间的关系，规定国家机关及其工作人员负有保护自然人的隐私和个人信息的义务。

3. 人格权编案例分析

【案例1】刘先生逛完超市过安检门时，警报突然响起，保安怀疑其偷拿商品，便将其带往库房搜身。后发现警报系安检门故障所致，刘先生并没有偷窃。经交涉，超市公开向刘先生赔礼道歉并支付数千元精神抚慰金。

【解析】《民法典》第一千零三条规定，自然人享有身体权。自然人的身体完整和行动自由受法律保护。任何组织或者个人不得侵害他人的身体权。第一千零一十一条规定，以非法拘禁等方式剥夺、限制他人的行动自由，或者非法搜查他人身体的，受害人有权依法请求行为人承担民事责任。

搜身是一种具有强制性的行为，只有国家执法机关经过合法程序才可采取搜查措施。超市保安非执法人员，不具有执法权，如怀疑顾客偷窃，应报警后由民警依法搜查。超市擅自对顾客搜身属于违法行为，顾客应注意保存好相关证据，可通过法律途径要求超市消除影响、恢复名誉、赔礼道歉，并支付精神损害赔偿金。

【案例2】李某到银行申请贷款，却被告知其名下多张信用卡透支逾期，个人征信不符合贷款条件。原来，李某曾遗失身份证，被王某捡到并用于办理信用卡。李某立即报案，并起诉王某和某信用卡中心。后王某被刑事拘留，李某也获得了赔偿。

【解析】《民法典》第一千零一十二条规定，自然人享有姓名权，有权依法决定、使用、变更或者许可他人使用自己的姓名，但是不得违背公序良俗。第一千零一十四条规定，任何组织或者个人不得以干涉、盗用、假冒等方式侵害他人的姓名权或者名称权。

王某冒用李某的姓名办理信用卡，侵犯了李某的姓名权，应承担主要责任；信用卡中心没有尽到法定审查义务，应当承担次要责任。王某多次透支消费，导致李某存在不良信用记录，对其申请贷款及其他经济活动产生负面影响，造成精神痛苦，李某依法可获得经济损失赔偿和精神损害赔偿。

【案例3】小孙夫妇到影楼拍摄结婚照。影楼老板觉得二人形象甚好，为引流增客，便擅自将照片放在橱窗展示。小孙发现后，要求立即撤下照片，影楼却以其拥有照片著作权为由拒绝。经消费者协会调解，影楼最终撤下照片、消除影响并赔礼道歉。

【解析】《民法典》第一千零一十九条规定，任何组织或者个人不得以丑化、污损，或者利用信息技术手段伪造等方式侵害他人的肖像权。未经肖像权人同意，不得制作、使用、公开肖像权人的肖像，但是法律另有规定的除外。未经肖像权人同意，肖像作品权利人不得以发表、复制、发行、出租、展览等方式使用或者公开肖像权人的肖像。

影楼未经同意，擅自将结婚照公开展示、用于营销推广，侵犯了小孙夫妇的肖像权。影楼虽然拥有照片的著作权，但该著作权要受到肖像权的限制，即未经小孙夫妇同意，影楼不得以发表、复制、发行、出租、展览等方式使用该肖像作品，否则就要承担相应的民事责任。

【案例4】赵女士到小区美容店做美容，因服务问题与店主黄女士发生口角，遂在小区业主微信群内多次对黄女士谩骂侮辱，并歪曲事实称该美容店所属公司"讹诈客户""设备老旧"，被黄女士和该公司告上法庭。法院判决赵女士向黄女士支付精神损害抚慰金2 000元，向美容公司赔偿经济损失3 000元。

【解析】《民法典》第一千零二十四条规定，民事主体享有名誉权。任何组织或者个人不得以侮辱、诽谤等方式侵害他人的名誉权。

名誉权虽不具有直接的财产价值，但与财产利益息息相关，一旦名誉受损，可能影响到个人职业发展、待遇提升，导致企业信誉降低、利润减少。赵女士在缺乏依据的情况下，对黄女士和美容公司进行侮辱、贬损，侵犯了后者的名誉权，造成了实际经济损失，应当承担赔偿责任。

【案例5】高校教授吴某，经常对学生小天强行搂抱、发送低俗信息，致其精神抑郁。小天毕业后进行举报，涉事高校迅速展开调查，证实吴某存在性骚扰行为，对其作出开除党籍、撤销教师资格、由三级教授降为九级科员的处分决定。

【解析】《民法典》第一千零一十条规定，违背他人意愿，以言语、文字、图像、肢体行为等方式对他人实施性骚扰的，受害人有权依法请求行为人承担民事责任。机关、企业、学校等单位应当采取合理的预防、受理投诉、调查处置等措施，防止和制止利用职权、从属关系等实施性骚扰。

性骚扰具有一定的隐蔽性，且受害者通常处于从属或被支配地位，不敢说也不愿说，致使行为人更加有恃无恐。吴某作为教师，非但不恪守职业道德，还利用职权对学生实施性骚扰，应受到处罚。遇到性骚扰时，注意留存短信、微信、通话记录等证据，及时揭露对方的恶行。同时，单位应当采取必要措施，提供安全工作环境，调查处置相关投诉举报，维护所属人员合法权益。

【案例6】老宋向来秉公办事，小钱因工作调动对其怀恨在心。老宋去世后，小钱为泄私愤，张贴数张讣告，对老宋进行诽谤侮辱，老宋的妻子将小钱告上法庭，法庭判决小钱赔礼道歉并支付老宋家人精神抚慰金6 000元。

【解析】《民法典》第九百九十四条规定，死者的姓名、肖像、名誉、荣誉、隐私、遗体等受到侵害的，其配偶、子女、父母有权依法请求行为人承担民事责任；死者没有配偶、子女且父母已经死亡的，其他近亲属有权依法请求行为人承担民事责任。

虽然自然人的民事权利能力始于出生、终于死亡，但死者的人格利益仍受到法律保护。如果使用侮辱、诽谤等方式对死者进行评价，造成恶劣影响，构成对死者名誉的损害，要承担向死者近亲属赔礼道歉、消除影响、恢复名誉以及精神损害赔偿等民事责任。

【案例7】王大姐在自家的入户门上安装能拍摄视频并具有存储功能的可视门铃，位置正对赵先生家的卧室。赵先生对此十分生气，认为王大姐在监控自己家人的起居，侵犯其隐私，要求王大姐拆除门铃。王大姐则认为自己从未有过监控意图，且可视门铃并不能清晰拍摄到赵先生家中情况，因此不同意拆卸门铃。

【解析】《民法典》第一千零三十二条规定，自然人享有隐私权。任何组织或者个人不得以刺探、侵扰、泄露、公开等方式侵害他人的隐私权。

法院经审理认为，可视门铃获取住宅内的私密信息和行为现实可行，因此，王大姐的安装行为侵害了赵先生的隐私权。故法院支持赵先生要求王大姐拆除可视门铃的请求。

【案例8】2009年8月，陈某与郑某离婚，二人的孩子小陈由母亲郑某抚养。郑某将小陈姓名变更为"郑某文"，因此，小陈一直使用"郑某文"的名字生活、学习。2020年12月，陈某向派出所申请将孩子姓名变为原名。小陈及其母亲郑某与陈某协商未果，郑某上诉至法院，小陈表示自己愿意使用"郑某文"这一姓名继续生活。

【解析】姓名是自然人参与社会生活的人格标志，依照《民法典》第一千零一十二条的规定，自然人有权依法决定、使用、变更或者许可他人使用自己的姓名，但不得违背公序良俗。父母离婚后涉及未成年人利益的纠纷处理，应坚持以未成年人利益最大化为原则。

本案例中，小陈多年来持续使用"郑某文"这一姓名，该姓名既已为亲友、老师、同学所熟知，也已成为其人格的标志，是其生活、学习的重要组成部分。原告作为年满12周岁的未成年人，已经能够理解该姓名的文字含义及人格象征意义，结合其自身真实意愿，继续使用该姓名，有利于小陈的身心健康和成长。

五、婚姻家庭编及案例分析

1. 婚姻家庭编概述

《民法典》"婚姻家庭编"以现行婚姻法、收养法为基础，在坚持婚姻自由、一夫一妻等基本原则的前提下，结合社会发展需要，对《婚姻法》及《收养法》的部分规定进行修改，并增加了新的规定。

《民法典》"婚姻家庭编"将原《婚姻法》与《收养法》统一纳入，共计五章，包括一般规定、结婚、家庭关系、离婚、收养共79条。

2. 婚姻家庭编亮点解读

（1）收养政策调整。民法典将收养人须无子女的要求修改为收养人无子女或者只有一名子女。

（2）加强对被收养人利益的保护。在收养人条件中增加"无不利于被收养人健康成长的违法犯罪记录"。

（3）离婚设立冷静期。为减少"头脑发热"式离婚，民法典规定了提交离婚登记申请后三十日的离婚冷静期，在此期间，任何一方均可以向登记机关撤回离婚申请。

（4）增加离婚途径。针对离婚诉讼中出现的"久调不判"的现象，《民法典》规定，经人民法院判决不准离婚后，双方又分居满一年，一方再次提起离婚诉讼的，应当准予离婚，还对方一份自由。

（5）疾病不作为禁止结婚情形。民法典不再将"患有医学上认为不应当结婚的疾病"作为禁止结婚的情形，而是规定一方隐瞒重大疾病的，另一方可以向人民法院请求撤销婚姻，并且有权请求损害赔偿。

（6）明确夫妻共同债务。明确夫妻共同债务的范围，夫妻一方在婚姻关系存续期间以个人名义超出家庭日常生活需要所负的债务，不属于夫妻共同债务；但是，债权人能够证明该债务用于夫妻共同生活、共同生产经营或者基于夫妻双方共同意思表示的除外。

（7）离婚明确不满两周岁子女抚养权。民法典将现行婚姻法规定的"哺乳期内的子女，以随哺乳的母亲为原则"修改为"不满两周岁的子女，由母亲直接抚养为原则"，以增强可操作性。

（8）可确认亲子关系。对亲子关系有异议且有正当理由的，父或者母可以向人民法院提起诉讼，请求确认亲子关系。

3. 婚姻家庭编案例分析

【案例1】小高与女友订婚后，给予女友20万元彩礼。但由于感情不和，二人在结婚前分手。小高想要回彩礼，遭到女友拒绝，于是提起诉讼。小高能要回他的彩礼吗？

【解析】《民法典》第一千零四十二条规定，禁止包办、买卖婚姻和其他干涉婚姻自由的行为。禁止借婚姻索取财物。《最高人民法院关于适用〈民法典〉婚姻家庭编的解释（一）》第五条规定，当事人请求返还按照习俗给付的彩礼的，如果查明属于以下情形，人民法院应当予以支持：双方未办理结婚登记手续；双方办理结婚登记手续但确未共同生活；婚前给付并导致给付人生活困难。

彩礼的性质属于附解除条件的赠与，即当约定的缔结婚姻的条件不能成立时，赠与行为无效，受赠方应返还彩礼。小高给付彩礼的初衷是为了结婚并维持相对稳定的夫妻关系，现双方未登记结婚，女方应当返还彩礼。至于返回的比例，一般会综合考虑双方过错程度、彩礼数额、回礼情况等予以确定。若"借彩礼之名，行敛财之实"，实施"骗婚"等行为，不仅败坏社会风气，更为法律所禁止。

【案例2】小张夫妇对孩子的教育理念不同，妻子主张"精英式培养"，小张则认为不能过度教育。寒假期间，妻子瞒着小张给孩子报了三万元的研学课程。小张得知后很生气，要求培训机构退费但遭到拒绝，小张一气之下诉至法院，被判败诉。

【解析】《民法典》第一千零六十条规定，夫妻一方因家庭日常生活需要而实施的民事法律行为，对夫妻双方发生效力，但是夫妻一方与相对人另有约定的除外。

在处理日常家庭事务范围内，包括一家人衣食等用品的购买，保健、娱乐、医疗、子女的教养等，夫妻互为代理人，享有家事代理权，这是婚姻的当然效力。在第三人无法确定一方是否具有代理权时，视为双方共同意思表示。本案例中，虽然教育服务合同未经小张同意，但是这笔花销属于家庭日常生活需要，对夫妻都产生效力。因此，小张的诉求不会得到法院的支持。

【案例3】小孟与丈夫齐某离婚后，债主同时将两人告上法庭，称齐某在婚内向其借款十五万元，要求两人共同承担还款责任。法院查明，该笔借款被齐某用于打赏游戏主播，不属于夫妻共同债务，判决由齐某个人承担还款责任。

【解析】《民法典》第一千零六十四条规定，夫妻双方共同签名或者夫妻一方事后追认等共同意思表示所负的债务，以及夫妻一方在婚姻关系存续期间以个人名义为家庭日常生活需要所负的债务，属于夫妻共同债务。

夫妻共同债务，是指夫妻双方合意举债或者其中一方为家庭日常生活需要所负的债务。"家庭日常生活需要"是指生活中正常的衣食住行消费、日用品购买、医疗保健、子女教育、老人赡养，以及正当的娱乐、文化消费等，其金额和目的应符合"日常性"和"合理性"。本案例中，齐某未经妻子同意，私自借款用于打赏，不属于家庭日常生活需要的范围，不应认定为夫妻共同债务。

【案例4】许某（男）与黎某（女）婚后育有一子（1岁）、一女（8岁半），二人离婚时都想争取孩子的抚养权。许某认为自己收入高，应当由自己取得抚养权。二人的女儿更愿意跟随母亲生活。法院最终判决，子女的抚养权均归黎某所有，许某按照其月收入的45%付抚养费。

【解析】《民法典》第一千零八十四条规定，离婚后，不满两周岁的子女，以由母亲直接抚养为原则。已满两周岁的子女，父母双方对抚养问题协议不成的，由人民法院根据双方的具体情况，按照最有利于未成年子女的原则判决。子女已满八周岁的，应当尊重其真实意愿。

本案例中，虽然许某工资收入高于妻子，但经济条件并非判定抚养权的决定性因素。由于儿子不满两周岁，原则上应由母亲直接抚养；女儿已满8岁，且更愿意随母亲生活，应尊重其意愿。因此，法院将子女抚养权均判决给了女方。

【案例5】赵某与妻子结婚多年，育有一儿一女。因赵某在外地，工作繁忙，妻子便做起家庭主妇，负责照顾子女和老人。后赵某以感情破裂为由起诉离婚，妻子认为自己照料家庭放弃了工作，要求对方给予补偿。经审理，法院判决双方离婚，由赵某赔偿妻子5万元。

【解析】《民法典》第一千零八十八条规定，夫妻一方因抚育子女、照料老年人、协助另一方工作等负担较多义务的，离婚时有权向另一方请求补偿，另一方应当给予补偿。具体办法由双方协议；协议不成的，由人民法院判决。

本案例中，妻子承担了主要的家庭内部事务，对家庭贡献较大，因此离婚时有权获得相应经济补偿。

【案例6】唐某今年64岁，于2016年与张某登记结婚。今年，唐某二儿媳确诊癌症，二儿媳娘家人请算命先生测算病因竟与老人再婚有关。唐某迫于家人和邻里的舆论压力，不得已与张某分居。数月后，二儿媳的病情仍不见好转，其娘家人便告知老人应该尽快办理离婚手续，以换取家人的健康。唐某应该怎么办？

【解析】《民法典》第一千零四十二条规定，禁止包办、买卖婚姻和其他干涉婚姻自由的行为。案例中的二儿媳娘家人利用封建迷信思想，逼迫老人离婚，干涉老人的婚姻自由。干涉结婚自由和干涉离婚自由同样是违法的行为。

两位老人无论是到民政局申请离婚，还是到法院诉讼离婚，有关机关均应当作出不许离婚的决定，同时对利用封建迷信思想干涉老人婚姻的二儿媳娘家人进行批评教育，纠正其错误思想。

【案例7】唐某（女）与康某（男）于2010年登记结婚，婚后育有一子。婚后康某不再工作，一家人的全部支出均由唐某承担。2015年8月15日，二人发生争执，康某将唐某打伤，唐某报警并做了伤情鉴定。唐某向法院诉请解除婚姻关系。康某不同意离婚，认为妻子不够冷静过于草率，自己愿意改正过错，双方感情并未破裂。康某的观点能够得到法律支持吗？

【解析】裁判结果：对于初次起诉离婚，又无充分证据证明双方感情确已破裂的，一般判决不予离婚。一审法院根据在案证据认定康某的行为构成家庭暴力，双方感情确已破裂，判决准予双方离婚。

六、继承编及案例分析

1. 继承编概述

继承制度是关于自然人死亡后财富传承的基本制度，关系着千家万户的切身利益，对于巩固家庭关系、促进社会稳定具有重要意义。

"继承编"根据我国社会家庭结构、继承观念等方面的发展变化，扩大遗产和继承人范围，增加新型遗嘱形式，调整遗嘱效力规则，进一步完善了各项继承制度，满足了人民群众处理遗产的现实需要。继承编共四章45条，包括一般规定、法定继承、遗嘱继承和遗赠、遗产的处理。

2. 继承编亮点解读

（1）扩大遗产范围。《民法典》删除此前对遗产的列举，以"合法的财产"一言概之，扩大了遗产的范围。随着现代社会的发展，公民财产类型、财产形式日益丰富、增多，虚拟财产等新型财产可纳入遗产范围。

（2）新增丧失继承权情形，补充宽宥制度。《民法典》新增丧失继承权情形的同时补充规定了宽宥制度。被继承人已知继承人对其实施了相应的违法行为，却愿意对继承人的过错行为予以宽恕，恢复其已丧失的继承权，应对其意愿予以尊重。

（3）扩大法定继承人。为了财产更多流转在血亲家族中，而非收归国家，《民法典》将代位继承扩大至被继承人的兄弟姐妹先于被继承人死亡的情形，使得被继承人的侄子、外甥获得第二顺位法定继承人资格，突破了原先晚辈直系血亲的限制。

（4）增加遗嘱新形式。《民法典》增设了打印遗嘱与录像遗嘱两种法定遗嘱形式。

（5）废除公证遗嘱效力优先规则。为尊重遗嘱人的真实意愿，《民法典》修改了遗嘱效力规则，删除了现行继承法关于公证遗嘱效力优先的规定，以更好保护民法当事人意思自治原则。

（6）增加遗产管理人制度。为确保遗产得到妥善管理、顺利分割，更好地维护继承人、债权人利益，增加规定了遗产管理人制度，明确了遗产管理人的产生方式、职责和权利等内容。

3. 继承编案例分析

【案例1】小王与小李结婚多年，婚后一直居住在小李单位分派的住房。小李去世后，小王认为该住房属于小李的遗产，要求继承住房。小李的单位认为公寓房产权系单位所有，不是小李个人所有，不得继承。后小李向法院起诉要求继承该住房，被判败诉。

【解析】《民法典》第一千一百二十二条规定，遗产是自然人死亡时遗留的个人合法财产。依照法律规定或者根据其性质不得继承的遗产，不得继承。

继承的核心是遗产，只有死者生前合法取得的财产才能认定为遗产。本案例中小李的住房为单位所有，不是个人财产，因此不能进行继承。

【案例2】宋大爷有一儿两女，两个女儿嫁到外地。宋大爷去世后，两个女儿主张平分遗产，儿子认为外嫁女不能参与继承，遗产应该由他继承。儿子的诉求能够得到法院支持吗？

【解析】《民法典》第一千一百二十六条规定，继承权男女平等。第一千一百三十条规定，同一顺序继承人继承遗产的份额，一般应当均等。因此宋大爷儿子的诉求不能得到法院支持。

【案件3】老张夫妇有两子，老大在外地工作不常回家，次子与妻子王女士负责照顾二老。次子病逝后妻子王女士改嫁，但仍经常照顾老张夫妇二人。老张夫妇去世后，老大认为王女士已改嫁，因此无权继承遗产。王女士上诉至法院要求依法分割遗产。法院能够支持王女士的请求吗？

【解析】《民法典》第一千一百二十九条规定，丧偶儿媳对公婆、丧偶女婿对岳父母，尽了主要赡养义务的，作为第一顺序继承人。王女士在改嫁之后依旧对老张夫妇进行照顾，尽到赡养义务，因此有权继承遗产份额。

【案例4】2021年，齐女士因交通意外去世。齐女士膝下无子女，名下有1套房产，生前未留下遗嘱。她的侄子、外甥向法院起诉，要求继承齐女士的遗产。法院认定，齐女士的侄子、外甥符合代位继承条件，判决二人继承齐女士的遗产。

【解析】《民法典》第一千一百二十八条规定，被继承人的子女先于被继承人死亡的，由被继承人的子女的直系晚辈血亲代位继承。被继承人的兄弟姐妹先于被继承人死亡的，由被继承人的兄弟姐妹的子女代位继承。代位继承人一般只能继承被代位继承人有权继承的遗产份额。因此齐女士的外甥、侄子可以继承齐女士的遗产。

【案例5】小李父母名下有两套房产，其母2019年突发疾病去世，未立遗嘱。小李的外祖父母于2020年去世，舅舅在世；2021年，小李的父亲去世，留有遗嘱将名下房产由小李继承。小李携父亲遗嘱到公证处办理房产继承手续时，却被告知需取得舅舅同意，否则无法取得全部房屋产权。公证处的做法是否有法律依据？

【解析】《民法典》第一千一百二十三条规定，继承开始后，按照法定继承办理；有遗嘱的，按照遗嘱继承或者遗赠办理；有遗赠扶养协议的，按照协议办理。第一千一百二十七条规定，遗产按照下列顺序继承，第一顺序：配偶、子女、父母；第二顺序：兄弟姐妹、祖父母、外祖父母。继承开始后，由第一顺序继承人继承，第二顺序继承人不继承；没有第一顺序继承人继承的，由第二顺序继承人继承。

继承方式有遗嘱继承和法定继承两种。继承开始后，有遗嘱的按遗嘱办理继承；无遗嘱的，则按照法定继承。本案例中，小李母亲去世时未立遗嘱，其名下房产份额依照法定继承，由其配偶（老王）、子女（小王）、父母（小王外祖父母）平均继承。小王父亲拥有的房产份额按照遗嘱全部由小王继承。小王外祖父母去世后，相应的房产份额由小王的舅舅继承。因此，小王若想取得全部房屋产权，需取得其舅舅的同意。

【案例6】殷先生有一子一女。五年前，殷先生手写一份遗嘱并办理公证，明确名下房产归儿子，汽车、存款归女儿。后殷先生与儿子父子关系恶化，于是手写一份新遗嘱，明确全部遗产都由女儿继承，但未做公证。殷先生去世后，子女对簿公堂，法院应当如何判决？

【解析】《民法典》第一千一百四十二条规定，遗嘱人可以撤回、变更自己所立的遗嘱。立遗嘱后，遗嘱人实施与遗嘱内容相反的民事法律行为的，视为对遗嘱相关内容的撤回。立有数份遗嘱，内容相抵触的，以最后的遗嘱为准。本案例中殷先生后立的遗嘱同样具备法律效力，因此应当按照后立的遗嘱进行继承。

【案例7】A与B二人为亲兄弟，二人父亲去世后，留下一大一小两处房产。老人留下遗嘱，大房给A，小房给B，该遗嘱由老人和见证人打印并签名。B不认可遗嘱效力，将A诉至法院，后法院认定遗嘱无效，二人应平分房产。

【解析】《民法典》第一千一百三十四条规定，自书遗嘱由遗嘱人亲笔书写，签名，注明年、月、日。第一千一百三十六条规定，打印遗嘱应当有两个以上见证人在场见证。遗嘱人和见证人应当在遗嘱每一页签名，注明年、月、日。

打印遗嘱作为一种新类型遗嘱，也得到了《民法典》的正式确认。常见的自书遗嘱由遗嘱人亲笔书写，笔迹千人千面、各有不同，可以发挥类似指纹的证明作用。打印遗嘱虽制作方便、省时省力，但无法通过笔迹识别制作人的特征，易于伪造。为确保打印遗嘱的真实性，法律对其形式要求非常严格，不仅要有两个以上见证人在场见证，且遗嘱人和见证人要在遗嘱每一页签名和注明日期。本案例中，遗嘱首页没有遗嘱人和见证人的签名，且仅有一名见证人，不符合法定要求，应当认定为无效。

【案例8】徐某有一亲生子和一继子，继子双腿残疾、未婚未育，没有劳动能力和生活来源。徐某去世前立下遗嘱，将名下所有存款和房产都交由亲生子继承。继子得知后，向法院提起诉讼，要求享有对继父遗产的继承权，法院判决从徐某遗产中扣除一部分由继子继承。

【解析】《民法典》第一千一百四十一条规定，遗嘱应当为缺乏劳动能力又没有生活来源的继承人保留必要的遗产份额。

公民享有遗嘱自由，可自主处置遗产，但任何自由都不是绝对的。《民法典》对遗嘱自由作了一定限制，明确遗嘱应当为缺乏劳动能力又没有生活来源的继承人保留必要的遗产份额。"必留份"制度可以保障残障人员、未成年人、孤寡老人等弱势群体的利益，有利于减轻社会负担，符合公序良俗精神。本案例中，徐某遗嘱未给残疾继子保留必要遗产份额，违反法律规定，相关内容应认定为无效，其继子有权继承必要遗产份额，以保障自己的基本生活。

七、侵权责任编及案例分析

1. 侵权责任编概述

侵权责任是民事主体侵害他人权益应当承担的法律后果。"侵权责任编"分为一般规定、损害赔偿、责任主体的特殊规定、产品责任、机动车交通事故责任、医疗损害责任、环境污染和生态破坏责任、高度危险责任、饲养动物损害责任、建筑物和物件损害责任共十章97条。

2. 侵权责任编亮点解读

（1）确立"自甘风险"规则。自愿参加具有一定风险的文体活动，因其他参加者的行为受到损害的,受害人不得请求没有故意或者重大过失的其他参加者承担侵权责任。

(2)规定"自助行为"制度。明确合法权益受到侵害,情况紧迫且不能及时获得国家机关保护,不立即采取措施将使其合法权益受到难以弥补的损害的,受害人可以在保护自己合法权益的必要范围内采取扣留侵权人的财物等合理措施,但是应当立即请求有关国家机关处理。

(3)加强对知识产权的保护。故意侵害他人知识产权,情节严重的,被侵权人有权请求相应的惩罚性赔偿。

(4)完善生产者、销售者召回缺陷产品的责任。依照相关规定采取召回措施的,生产者、销售者应当负担被侵权人因此支出的必要费用。

(5)规范医患关系与患者隐私保护。进一步保障患者的知情同意权,明确医务人员的相关说明义务,加强医疗机构及其医务人员对患者隐私和个人信息的保护。

(6)加强生态环境保护。规定生态环境损害的惩罚性赔偿制度,并明确规定了生态环境损害的修复和赔偿规则。

(7)完善高空抛物坠物治理规则。禁止从建筑物中抛掷物品,同时针对此类事件处理的主要困难是行为人难以确定的问题,强调有关机关应当依法及时调查,查清责任人,并规定物业服务企业等建筑物管理人应当采取必要的安全保障措施,防止此类行为的发生。

3. 侵权责任编案例分析

【案例1】让他人免费搭顺风车发生交通事故,司机要赔偿吗?

【解析】《民法典》第一千二百一十七条的规定,非营运机动车发生交通事故造成无偿搭乘人损害,属于该机动车一方责任的,应当减轻其赔偿责任,但是机动车使用人有故意或者重大过失的除外。"好意同乘"本是出于善意,是好意人出于情谊而施惠的一种行为,因此,若不存在故意或重大过失的,应当减轻其赔偿责任。

【案例2】车借给别人开,出了交通事故保险公司会赔吗?

【解析】《民法典》第一千二百一十三条的规定,机动车发生交通事故造成损害,属于该机动车一方责任的,先由承保机动车强制保险的保险人在强制保险责任限额范围内予以赔偿。

一般来说,将车辆借给亲戚朋友开,只要未出现酒驾、无证驾驶等违法驾驶的情况，在车主保险购置齐全的前提下，发生事故之后，保险公司会给予合理的赔付，与开车人是否为车主本人并无直接关系。

【案例3】小钱因公出差，委托保姆去学校接8岁的女儿糖糖回家，保姆接糖糖回家途中，只顾低头玩手机，忽略糖糖安全，导致糖糖摔入路边小河沟至左腿骨折受伤。小钱决定将保姆诉至法院，请求法院判令保姆承担赔偿责任。小钱的诉求能得到支持吗？

【解析】《民法典》第一千一百八十九条规定，无民事行为能力人、限制民事行为能力人造成他人损害，监护人将监护职责委托给他人的，监护人应当承担侵权责任；受托人有过错的，承担相应的责任。

保姆接受小钱的委托，却疏于照顾导致糖糖受伤，存在明显过错，应当承担赔偿责任。

【案例4】小A和小C是篮球爱好者，周末，二人相约到某篮球馆打篮球，小A在抢球过程中，因场馆地面凸起不慎摔倒，造成骨折。小C是否要承担责任？篮球馆需要对此承担责任吗？

【解析】《民法典》第一千一百七十六条规定，自愿参加具有一定风险的文体活动，因其他参加者的行为受到损害的，受害人不得请求其他参加者承担侵权责任；但是，其他参加者对损害的发生有故意或者重大过失的除外。第一千一百九十八条规定，宾馆、商场、银行、车站、机场、体育场馆、娱乐场所等经营场所、公共场所的经营者、管理者或者群众性活动的组织者，未尽到安全保障义务，造成他人损害的，应当承担侵权责任。因第三人的行为造成他人损害的，由第三人承担侵权责任；经营者、管理者或者组织未尽到安全保障义务的，承担相应的补充责任。经营者、管理者或者组织者承担补充责任后，可以向第三人追偿。

本案例中，小C对此不需要承担责任，但因小A摔伤是由篮球馆地面凸起造成，篮球馆的经营者未尽到安全保障义务，应当对小A承担侵权责任。

【案例5】熊先生在小区内行走，突然从天而降一个烟灰缸将其头部砸伤，熊先生并不清楚烟灰缸从何而来，他应当如何处理？

【解析】《民法典》第一千二百五十四条规定，禁止从建筑物中抛掷物品。从建筑物中抛掷物品或者从建筑物上坠落的物品造成他人损害的，由侵权人依法承担侵权责任；经调查难以确定具体侵权人的，除能够证明自己不是侵权人的外，由可能加害的建筑物使用人给予补偿。可能加害的建筑物使用人补偿后，有权向侵权人追偿。物业服务企业等建筑物管理人应当采取必要的安全保障措施防止前款规定的情形发生；未采取必要的安全保障措施的，应当依法承担未履行安全保障义务的侵权责任。发生本条第一款规定的情形的，公安等机关应当依法及时调查，查清责任人。

熊先生可以根据《民法典》有关规定，向公安机关报案查明具体侵权人，索要赔偿；如仍无法查明具体侵权人，除了能够证明自己不是侵权人的，由可能加害的建筑物使用人给予补偿。

【案例6】李阿姨与村委会签订承包水稻田合同，次年李阿姨承包地中种植的水稻出现明显减产。经鉴定，水稻田土壤含粉煤灰比例超过正常情况。李阿姨将该承包地毗邻的电力公司告上法庭，请求其赔偿损失。请问法院会支持李阿姨的诉求吗？

【解析】《民法典》第一千二百二十九条规定，因污染环境、破坏生态造成他人损害的，侵权人应当承担侵权责任。

第一千二百三十四条规定，违反国家规定造成生态环境损害，生态环境能够修复的，国家规定的机关或者法律规定的组织有权请求侵权人在合理期限内承担修复责任。侵权人在期限内未修复的，国家规定的机关或者法律规定的组织可以自行或者委托他人进行修复，所需费用由侵权人负担。

第一千两百三十五条规定，违反国家规定造成生态环境损害的，国家规定的机关或者法律规定的组织有权请求侵权人赔偿下列损失和费用：生态环境受到损害至恢复原状期间服务功能丧失导致的损失；生态环境功能永久性损害造成的损失；生态环境损害调查、鉴定评估等费用；清除污染、修复生态环境费用；防止损害的发生和扩大所支出的合理费用。

《民法典》中明确环境侵权责任采用"无过错责任"，仅以侵权人的污染环境、破坏生态的行为造成了被侵权人的人身伤害或财产损失为前提，不论侵权人是否有过错，环境侵权责任采取"举证责任倒置"方式，由被侵权人就存在损害事实提供证据证明，由被控侵权人就是否存在侵权行为，行为与损害后果之间不存在因果关系承担举证责任。本案例中，李阿姨通过鉴定，证明了土壤中含有异常比例的粉煤灰，根据《民法典》的相关规定，如果电力公司不能证明粉煤灰含量异常不会导致水稻减产，就应当承担败诉的后果，且李阿姨还可以请求相应的惩罚性赔偿，李阿姨的诉求将得到法院的支持。

培训课程 4

安全隐患排查相关法律法规

一、《中华人民共和国安全生产法》

1. 整体概况

《中华人民共和国安全生产法》(以下简称《安全生产法》)于2002年6月29日公布,2002年11月1日施行。分别于2009年、2014年、2021年进行三次修正。

《安全生产法》共七章119条,包括总则、生产经营单位的安全生产保障、从业人员的安全生产权利义务、安全生产的监督管理、生产安全事故的应急救援与调查处理、法律责任和附则。

2. 内容概要

(1)安全生产工作的原则。安全生产工作坚持中国共产党的领导。安全生产工作应当以人为本,坚持人民至上、生命至上,把保护人民生命安全摆在首位,树牢安全发展理念,坚持安全第一、预防为主、综合治理的方针,从源头上防范化解重大安全风险。

安全生产工作实行管行业必须管安全、管业务必须管安全、管生产经营必须管安全,强化和落实生产经营单位主体责任与政府监管责任,建立生产经营单位负责、职工参与、政府监管、行业自律和社会监督的机制。

(2)生产经营单位的安全生产保障。

1)生产经营单位的主要负责人对本单位安全生产工作负有下列职责:建立

健全并落实本单位全员安全生产责任制,加强安全生产标准化建设;组织制定并实施本单位安全生产规章制度和操作规程;组织制订并实施本单位安全生产教育和培训计划;保证本单位安全生产投入的有效实施;组织建立并落实安全风险分级管控和隐患排查治理双重预防工作机制,督促、检查本单位的安全生产工作,及时消除生产安全事故隐患;组织制定并实施本单位的生产安全事故应急救援预案;及时、如实报告生产安全事故。

2)生产经营单位应当对从业人员进行安全生产教育和培训,保证从业人员具备必要的安全生产知识,熟悉有关的安全生产规章制度和安全操作规程,掌握本岗位的安全操作技能,了解事故应急处理措施,知悉自身在安全生产方面的权利和义务。未经安全生产教育和培训合格的从业人员,不得上岗作业。

3)生产经营单位应当在有较大危险因素的生产经营场所和有关设施、设备上,设置明显的安全警示标志。

4)生产、经营、储存、使用危险物品的车间、商店、仓库不得与员工宿舍在同一座建筑物内,并应当与员工宿舍保持安全距离。

生产经营场所和员工宿舍应当设有符合紧急疏散要求、标志明显、保持畅通的出口、疏散通道。禁止占用、锁闭、封堵生产经营场所或者员工宿舍的出口、疏散通道。

(3)从业人员的安全生产权利义务。

1)从业人员在作业过程中,应当严格落实岗位安全责任,遵守本单位的安全生产规章制度和操作规程,服从管理,正确佩戴和使用劳动防护用品。

2)从业人员应当接受安全生产教育和培训,掌握本职工作所需的安全生产知识,提高安全生产技能,增强事故预防和应急处理能力。

3)从业人员发现事故隐患或者其他不安全因素,应当立即向现场安全生产管理人员或者本单位负责人报告;接到报告的人员应当及时予以处理。

(4)安全生产的监督管理。县级以上地方各级人民政府应当根据本行政区域内的安全生产状况,组织有关部门按照职责分工,对本行政区域内容易发生重大生产安全事故的生产经营单位进行严格检查。

应急管理部门应当按照分类分级监督管理的要求,制订安全生产年度监督检查计划,并按照年度监督检查计划进行监督检查,发现事故隐患,应当及时处理。

二、《生产安全事故报告和调查处理条例》

1. 整体概况

《生产安全事故报告和调查处理条例》于2007年3月28日经国务院第172次常务会议通过。国务院令第493号予以公布，自2007年6月1日起施行。

《生产安全事故报告和调查处理条例》是为了规范生产安全事故的报告和调查处理，落实生产安全事故责任追究制度，防止和减少生产安全事故，根据《中华人民共和国安全生产法》和有关法律制定的条例。

2. 核心内容

（1）规定了适用范围。

（2）规定了事故报告的主体、事故报告的对象。

（3）明确了生产安全事故的等级划分及上报的时限、内容等。

（4）提出了事故调查处理的原则为必须坚持政府领导、分级负责。

（5）划分了事故的不同等级，规定了事故调查组的组成、条件、职责、报告的内容与报告提交的时间。

三、《中华人民共和国消防法》（以下简称《消防法》）

1. 整体概况

《消防法》于1998年4月29日第九届全国人民代表大会常务委员会第二次会议通过，历经2008年修订，2019年、2021年两次修正。

《消防法》共七章74条，包括总则、火灾预防、消防组织、灭火救援、监督监察、法律责任和附则。

2. 内容概要

（1）消防工作方针。消防工作贯彻预防为主、防消结合的方针，按照政府统一领导、部门依法监管、单位全面负责、公民积极参与的原则，实行消防安全责任制，建立健全社会化的消防工作网络。

（2）消防宣传。各级人民政府应当组织开展经常性的消防宣传教育，提高公民的消防安全意识。机关、团体、企业、事业等单位，应当加强对本单位人员的消防宣传教育。应急管理部门及消防救援机构应当加强消防法律、法规的宣传，并督促、指导、协助有关单位做好消防宣传教育工作。教育、人力资源行政主管部门和学校、有关职业培训机构应当将消防知识纳入教育、教学、培训的内容。新闻、广播、电视等有关单位，应当有针对性地面向社会进行消防宣传教育。工会、共产主义青年团、妇女联合会等团体应当结合各自工作对象的特点，组织开展消防宣传教育。村民委员会、居民委员会应当协助人民政府以及公安机关、应急管理等部门，加强消防宣传教育。

（3）火灾预防。

1）机关、团体、企业、事业等单位应当履行下列消防安全职责：落实消防安全责任制，制定本单位的消防安全制度、消防安全操作规程，制定灭火和应急疏散预案；按照国家标准、行业标准配置消防设施、器材，设置消防安全标志，并定期组织检验、维修，确保完好有效；对建筑消防设施每年至少进行一次全面检测，确保完好有效，检测记录应当完整准确，存档备查；保障疏散通道、安全出口、消防车通道畅通，保证防火防烟分区、防火间距符合消防技术标准；组织防火检查，及时消除火灾隐患；组织进行有针对性的消防演练；法律、法规规定的其他消防安全职责。单位的主要负责人是本单位的消防安全责任人。

2）县级以上地方人民政府消防救援机构应当将发生火灾可能性较大以及发生火灾可能造成重大的人身伤亡或者财产损失的单位，确定为本行政区域内的消防安全重点单位，并由应急管理部门报本级人民政府备案。

3）消防安全重点单位除应当履行《消防法》第十六条规定的职责外，还应当履行下列消防安全职责：确定消防安全管理人，组织实施本单位的消防安全管理工作；建立消防档案，确定消防安全重点部位，设置防火标志，实行严格管理；实行每日防火巡查，并建立巡查记录；对职工进行岗前消防安全培训，定期组织消防安全培训和消防演练。

4）同一建筑物由两个以上单位管理或者使用的，应当明确各方的消防安全责任，并确定责任人对共用的疏散通道、安全出口、建筑消防设施和消防车通道进行统一管理。住宅区的物业服务企业应当对管理区域内的共用消防设施进行维护管理，提供消防安全防范服务。

5）生产、储存、经营易燃易爆危险品的场所不得与居住场所设置在同一建筑物内，并应当与居住场所保持安全距离。生产、储存、经营其他物品的场所与居住场所设置在同一建筑物内的，应当符合国家工程建设消防技术标准。

6）地方各级人民政府应当加强对农村消防工作的领导，采取措施加强公共消防设施建设，组织建立和督促落实消防安全责任制。

7）在农业收获季节、森林和草原防火期间、重大节假日期间以及火灾多发季节,地方各级人民政府应当组织开展有针对性的消防宣传教育,采取防火措施,进行消防安全检查。

（4）灭火救援。任何人发现火灾都应当立即报警。任何单位、个人都应当无偿为报警提供便利,不得阻拦报警。严禁谎报火警。人员密集场所发生火灾,该场所的现场工作人员应当立即组织、引导在场人员疏散。任何单位发生火灾,必须立即组织力量扑救。邻近单位应当给予支援。消防队接到火警,必须立即赶赴火灾现场,救助遇险人员,排除险情,扑灭火灾。国家综合性消防救援队、专职消防队扑救火灾、应急救援,不得收取任何费用。

四、《中华人民共和国道路交通安全法》（以下简称《道路交通安全法》）

1. 整体概况

《道路交通安全法》于 2003 年 10 月 28 日经第十届全国人民代表大会常务委员会第五次会议通过,历经 2007 年、2011 年、2021 年三次修正。

《道路交通安全法》共八章 124 条。包括总则、车辆和驾驶人、道路通行条件、道路通行规定、交通事故处理、执法监督、法律责任和附则,基本内容见表 5-2。

表 5-2 《道路交通安全法》基本内容

章名称	条款数	基本内容
第一章	7	明确立法宗旨、适用范围与基本原则等规定,并对道路交通安全的规划、实施、管辖、宣传、管理等提出要求
第二章	17	围绕机动车与驾驶证的相关事项作出明确规定
第三章	10	对道路交通设施、公共交通规划与建设、道路交通安全防范、机动车安全停放等作出明确规定
第四章	35	明确划分、规定机动车与非机动车、行人与乘车人的具体责任任务
第五章	8	对各类交通事故处理、处理程序、责任认定、赔偿等事项作出明确规定
第六章	9	规定交警需遵循的相关制度,对交警执法进行监督
第七章	32	明确交管部门的职权,明确各类人员违法行为需承担的处罚与法律责任
第八章	6	对法律用语含义、军警机动车、拖拉机、境外车辆入境管理等事项进行规定

2. 法律特点

修正后的《道路交通安全法》彰显如下特点：

（1）打造现代化道路交通治理格局。

（2）加强车辆和驾驶人源头监管。

（3）进一步改善便民服务措施。

（4）完善道路通行条件和通行规定、完善交通事故处理规定。

（5）突出教育引导功能。

3. 内容概要

（1）车辆和驾驶人。

1）机动车驾驶人应当遵守道路交通安全法律、法规的规定，按照操作规范安全驾驶、文明驾驶。饮酒、服用国家管制的精神药品或者麻醉药品，或者患有妨碍安全驾驶机动车的疾病，或者过度疲劳影响安全驾驶的，不得驾驶机动车。任何人不得强迫、指使、纵容驾驶人违反道路交通安全法律、法规和机动车安全驾驶要求驾驶机动车。

2）任何单位和个人不得擅自设置、移动、占用、损毁交通信号灯、交通标志、交通标线。道路两侧及隔离带上种植的树木或者其他植物，设置的广告牌、管线等，应当与交通设施保持必要的距离，不得遮挡路灯、交通信号灯、交通标志，不得妨碍安全视距，不得影响通行。

3）道路出现坍塌、坑槽、水毁、隆起等损毁或者交通信号灯、交通标志、交通标线等交通设施损毁、灭失的，道路、交通设施的养护部门或者管理部门应当设置警示标志并及时修复。公安机关交通管理部门发现前款情形，危及交通安全，尚未设置警示标志的，应当及时采取安全措施，疏导交通，并通知道路、交通设施的养护部门或者管理部门。

4）未经许可，任何单位和个人不得占用道路从事非交通活动。

5）学校、幼儿园、医院、养老院门前的道路没有行人过街设施的，应当施划人行横道线，设置提示标志。城市主要道路的人行道，应当按照规划设置盲道。盲道的设置应当符合国家标准。

（2）道路通行规定。

1）机动车上道路行驶，不得超过限速标志标明的最高时速。在没有限速标志的路段，应当保持安全车速。夜间行驶或者在容易发生危险的路段行驶，以及遇有沙尘、冰雹、雨、雪、雾、结冰等气象条件时，应当降低行驶速度。

2）机动车行经人行横道时，应当减速行驶；遇行人正在通过人行横道，应当停车让行。机动车行经没有交通信号的道路时，遇行人横过道路，应当避让。

3）机动车载人不得超过核定的人数，客运机动车不得违反规定载货。

4）禁止货运机动车载客。货运机动车需要附载作业人员的，应当设置保护作业人员的安全措施。

5）行人不得跨越、倚坐道路隔离设施，不得扒车、强行拦车或者实施妨碍道路交通安全的其他行为。

6）学龄前儿童以及不能辨认或者不能控制自己行为的精神疾病患者、智力障碍者在道路上通行，应当由其监护人、监护人委托的人或者对其负有管理、保护职责的人带领。盲人在道路上通行，应当使用盲杖或者采取其他导盲手段，车辆应当避让盲人。

7）乘车人不得携带易燃易爆等危险物品，不得向车外抛洒物品，不得有影响驾驶人安全驾驶的行为。

（3）交通事故处理。在道路上发生交通事故，车辆驾驶人应当立即停车，保护现场；造成人身伤亡的，车辆驾驶人应当立即抢救受伤人员，并迅速报告执勤的交通警察或者公安机关交通管理部门。因抢救受伤人员变动现场的，应当标明位置。乘车人、过往车辆驾驶人、过往行人应当予以协助。

在道路上发生交通事故，未造成人身伤亡，当事人对事实及成因无争议的，可以即行撤离现场，恢复交通，自行协商处理损害赔偿事宜；不即行撤离现场的，应当迅速报告执勤的交通警察或者公安机关交通管理部门。

在道路上发生交通事故，仅造成轻微财产损失，并且基本事实清楚的，当事人应当先撤离现场再进行协商处理。

五、《中华人民共和国道路交通安全法实施条例》（以下简称《道路交通安全法实施条例》）

1. 整体概况

《道路交通安全法实施条例》依据《道路交通安全法》制定，是对《道路交通安全法》的详细解读与补充。《道路交通安全法实施条例》于2004年4月28日经国务院第49次常务会议通过，2004年4月30日国务院令第405号公布，并于2017年进行修订。

2. 内容概要

《道路交通安全法实施条例》共八章 115 条，内容概要见表 5-3。

表 5-3 《道路交通安全法实施条例》内容概要

章名称	条款数	内容概要
第一章	3	明确制定依据、适用范围，要求建立工作机制与实施方案
第二章	25	对机动车、机动车驾驶人相应事项作出细致要求
第三章	9	对道路通行条件作出明确规定
第四章	57	明确道路通行规定
第五章	12	明确针对高速公路的特别规定
第六章	4	明确交通事故的处理要求
第七章	9	细化对于交管部门的执法要求
第八章	5	明确违反法律法规的情形与处罚

六、《中华人民共和国食品安全法》（以下简称《食品安全法》）

1. 整体概况

我国在 2009 年推出了《食品安全法》，并于 2015 年进行了修订。从 2015 年 10 月 1 日起正式实施。历经 2018 年、2021 年两次修正。

《食品安全法》共十章 154 条，包括总则、食品安全风险监测和评估、食品安全标准、食品生产经营、食品检验、食品进出口、食品安全事故处置、监督管理、法律责任和附则。

2.《食品安全法》的亮点

（1）禁止剧毒高毒农药用于果树茶叶。

（2）保健食品标签不得涉及防病治病功能。

（3）婴幼儿配方食品生产全程质量控制。

（4）网购食品纳入监管范围。

（5）生产经营转基因食品应按规定标示。

3. 内容概要

（1）宣传教育。各级人民政府应当加强食品安全的宣传教育，普及食品安全知识，鼓励社会组织、基层群众性自治组织、食品生产经营者开展食品安全法律、法规以及食品安全标准和知识的普及工作，倡导健康的饮食方式，增强消费者食品安全意识和自我保护能力。

新闻媒体应当开展食品安全法律、法规以及食品安全标准和知识的公益宣传，并对食品安全违法行为进行舆论监督。有关食品安全的宣传报道应当真实、公正。

（2）食品安全标准。食品安全标准应当包括下列内容：

1）食品、食品添加剂、食品相关产品中的致病性微生物，农药残留、兽药残留、生物毒素、重金属等污染物质以及其他危害人体健康物质的限量规定。

2）食品添加剂的品种、使用范围、用量。

3）专供婴幼儿和其他特定人群的主辅食品的营养成分要求。

4）对与卫生、营养等食品安全要求有关的标签、标志、说明书的要求。

5）食品生产经营过程的卫生要求。

6）与食品安全有关的质量要求。

7）与食品安全有关的食品检验方法与规程。

8）其他需要制定为食品安全标准的内容。

（3）食品生产经营。食品生产经营应当符合食品安全标准，并符合下列要求：

1）具有与生产经营的食品品种、数量相适应的食品原料处理和食品加工、包装、储存等场所，保持该场所环境整洁，并与有毒、有害场所以及其他污染源保持规定的距离。

2）具有与生产经营的食品品种、数量相适应的生产经营设备或者设施，有相应的消毒、更衣、盥洗、采光、照明、通风、防腐、防尘、防蝇、防鼠、防虫、洗涤以及处理废水、存放垃圾和废弃物的设备或者设施。

3）有专职或者兼职的食品安全专业技术人员、食品安全管理人员和保证食品安全的规章制度。

4）具有合理的设备布局和工艺流程，防止待加工食品与直接入口食品、原料与成品交叉污染，避免食品接触有毒物、不洁物。

5）餐具、饮具和盛放直接入口食品的容器，使用前应当洗净、消毒，炊具、用具用后应当洗净，保持清洁。

6）储存、运输和装卸食品的容器、工具和设备应当安全、无害，保持清洁，防止食品污染，并符合保证食品安全所需的温度、湿度等特殊要求，不得将食品与有毒、有害物品一同储存、运输。

7）直接入口的食品应当使用无毒、清洁的包装材料、餐具、饮具和容器。

8）食品生产经营人员应当保持个人卫生，生产经营食品时，应当将手洗净，穿戴清洁的工作衣、帽等；销售无包装的直接入口食品时，应当使用无毒、清洁的容器、售货工具和设备。

9）用水应当符合国家规定的生活饮用水卫生标准。

10）使用的洗涤剂、消毒剂应当对人体安全、无害。

11）法律、法规规定的其他要求。

（4）食品安全事故处置。国务院组织制定国家食品安全事故应急预案。

县级以上地方人民政府应当根据有关法律、法规的规定和上级人民政府的食品安全事故应急预案以及本行政区域的实际情况，制定本行政区域的食品安全事故应急预案，并报上一级人民政府备案。

食品安全事故应急预案应当对食品安全事故分级、事故处置组织指挥体系与职责、预防预警机制、处置程序、应急保障措施等作出规定。

食品生产经营企业应当制定食品安全事故处置方案，定期检查本企业各项食品安全防范措施的落实情况，及时消除事故隐患。

七、《中华人民共和国突发事件应对法》（以下简称《突发事件应对法》）

1. 整体概况

《突发事件应对法》于 2007 年 8 月 30 日由第十届全国人民代表大会常务委员会第二十九次会议通过，自 2007 年 11 月 1 日起施行。

《突发事件应对法》共七章 70 条，包括总则、预防与应急准备、监测与预警、应急处置与救援、事后恢复与重建、法律责任和附则。

2. 内容概要

（1）突发事件的概念与分级。本法所称突发事件，是指突然发生，造成或者可能造成严重社会危害，需要采取应急处置措施予以应对的自然灾害、事故灾难、公共卫生事件和社会安全事件。

按照社会危害程度、影响范围等因素，自然灾害、事故灾难、公共卫生事件分为特别重大、重大、较大和一般四级。法律、行政法规或者国务院另有规定的，从其规定。

突发事件的分级标准由国务院或者国务院确定的部门制定。

（2）突发事件应对原则。突发事件应对工作实行预防为主、预防与应急相结合的原则。国家建立重大突发事件风险评估体系，对可能发生的突发事件进行综合性评估，减少重大突发事件的发生，最大限度地减轻重大突发事件的影响。

（3）突发事件预防与应急准备。县级人民政府应当对本行政区域内容易引发自然灾害、事故灾难和公共卫生事件的危险源、危险区域进行调查、登记、风险评估，定期进行检查、监控，并责令有关单位采取安全防范措施。省级和设区的市级人民政府应当对本行政区域内容易引发特别重大、重大突发事件的危险源、危险区域进行调查、登记、风险评估，组织进行检查、监控，并责令有关单位采取安全防范措施。县级以上地方各级人民政府按照本法规定登记的危险源、危险区域，应当按照国家规定及时向社会公布。

县级人民政府及其有关部门、乡级人民政府、街道办事处、居民委员会、村民委员会应当及时调解处理可能引发社会安全事件的矛盾纠纷。

矿山、建筑施工单位和易燃易爆物品、危险化学品、放射性物品等危险物品的生产、经营、储运、使用单位，应当制定具体应急预案，并对生产经营场所、有危险物品的建筑物、构筑物及周边环境开展隐患排查，及时采取措施消除隐患，防止发生突发事件。

县级人民政府及其有关部门、乡级人民政府、街道办事处应当组织开展应急知识的宣传普及活动和必要的应急演练。

居民委员会、村民委员会、企业事业单位应当根据所在地人民政府的要求，结合各自的实际情况，开展有关突发事件应急知识的宣传普及活动和必要的应急演练。

（4）突发事件监测与预警。国务院建立全国统一的突发事件信息系统。

县级以上地方各级人民政府应当建立或者确定本地区统一的突发事件信息系统，汇集、储存、分析、传输有关突发事件的信息，并与上级人民政府及其有关部门、下级人民政府及其有关部门、专业机构和监测网点的突发事件信息系统实现互联互通，加强跨部门、跨地区的信息交流与情报合作。

（5）突发事件应急处置与救援。突发事件发生后，履行统一领导职责或者组织处置突发事件的人民政府应当针对其性质、特点和危害程度，立即组织有关部门，调动应急救援队伍和社会力量，依照本章的规定和有关法律、法规、规章的规定采取应急处置措施。

任何单位和个人不得编造、传播有关突发事件事态发展或者应急处置工作的虚假信息。

突发事件发生地的居民委员会、村民委员会和其他组织应当按照当地人民政府的决定、命令，进行宣传动员，组织群众开展自救和互救，协助维护社会秩序。

（6）突发事件事后恢复与重建。突发事件的威胁和危害得到控制或者消除后，履行统一领导职责或者组织处置突发事件的人民政府应当停止执行依照本法规定采取的应急处置措施，同时采取或者继续实施必要措施，防止发生自然灾害、事故灾难、公共卫生事件的次生、衍生事件或者重新引发社会安全事件。

突发事件应急处置工作结束后，履行统一领导职责的人民政府应当立即组织对突发事件造成的损失进行评估，组织受影响地区尽快恢复生产、生活、工作和社会秩序，制订恢复重建计划，并向上一级人民政府报告。

受突发事件影响地区的人民政府应当及时组织和协调公安、交通、铁路、民航、邮电、建设等有关部门恢复社会治安秩序，尽快修复被损坏的交通、通信、供水、排水、供电、供气、供热等公共设施。

培训课程 5

治安巡防相关法律法规

一、《中华人民共和国治安管理处罚法》(以下简称《治安管理处罚法》)

1. 整体概况

《治安管理处罚法》于 2005 年 8 月 28 日由第十届全国人民代表大会常务委员会第十七次会议通过,自 2006 年 3 月 1 日起施行,并于 2012 年进行了修正。

《治安管理处罚法》共六章 119 条,涉及总则、处罚的种类和适用、违反治安管理的行为和处罚、处罚程序、执法监督和附则。

2. 内容概要

(1)醉酒滋事将被约束至醒酒。醉酒的人违反治安管理的,应当给予处罚。

醉酒的人在醉酒状态中,对本人有危险或者对他人的人身、财产或者公共安全造成威胁的,应当对其采取保护性措施约束至酒醒。

(2)诉求表达应守法。有下列行为之一的,处警告或者二百元以下罚款;情节较重的,处五日以上十日以下拘留,可以并处五百元以下罚款:扰乱机关、团体、企业、事业单位秩序,致使工作、生产、营业、医疗、教学、科研不能正常进行,尚未造成严重损失的;扰乱车站、港口、码头、机场、商场、公园、展览馆或者其他公共场所秩序的;扰乱公共汽车、电车、火车、船舶、航空器或者其他公共交通工具上的秩序的;非法拦截或者强登、扒乘机动车、船舶、航空器以及其他交通工具,影响交通工具正常行驶的;破坏依法进行的选举秩序的。聚众实施前款行为的,对首要分子处十日以上十五日以下拘留,可以并处一千元以下罚款。

（3）观看比赛讲文明。有下列行为之一，扰乱文化、体育等大型群众性活动秩序的，处警告或者二百元以下罚款；情节严重的，处五日以上十日以下拘留，可以并处五百元以下罚款：强行进入场内的；违反规定，在场内燃放烟花爆竹或者其他物品的；展示侮辱性标语、条幅等物品的；围攻裁判员、运动员或者其他工作人员的；向场内投掷杂物，不听制止的；扰乱大型群众性活动秩序的其他行为。

因扰乱体育比赛秩序被处以拘留处罚的，可以同时责令其十二个月内不得进入体育场馆观看同类比赛；违反规定进入体育场馆的，强行带离现场。

（4）安保无权搜身。有下列行为之一的，处十日以上十五日以下拘留，并处五百元以上一千元以下罚款；情节较轻的，处五日以上十日以下拘留，并处二百元以上五百元以下罚款：组织、胁迫、诱骗不满十六周岁的人或者残疾人进行恐怖、残忍表演的；以暴力、威胁或者其他手段强迫他人劳动的；非法限制他人人身自由、非法侵入他人住宅或者非法搜查他人身体的。

（5）偷拍偷窥属违法。有下列行为之一的，处五日以下拘留或者五百元以下罚款；情节较重的，处五日以上十日以下拘留，可以并处五百元以下罚款：以恐吓信或者其他方法威胁他人人身安全的；公然侮辱他人或者捏造事实诽谤他人的；捏造事实诬告陷害他人，企图使他人受到刑事追究或者受到治安管理处罚的；对证人及其近亲属进行威胁、侮辱、殴打或者打击报复的；多次发送淫秽、侮辱、恐吓或者其他信息，干扰他人正常生活的；偷窥、偷拍、窃听、散布他人隐私的。

（6）强买强卖应拘留。强买强卖商品，强迫他人提供服务或者强迫他人接受服务的，处五日以上十日以下拘留，并处二百元以上五百元以下罚款；情节较轻的，处五日以下拘留或者五百元以下罚款。

（7）冒领快递会处罚。冒领、隐匿、毁弃、私自开拆或者非法检查他人邮件的，处五日以下拘留或者五百元以下罚款。

（8）宠物惹祸主人担责。饲养动物，干扰他人正常生活的，处以警告；警告后不改正的，或者放任动物恐吓他人的，处二百元以上五百元以下罚款。

3.《治安管理处罚法》案例解析

【案例1】小王夫妇因为违章驾驶被交警拦下来，交警按照规定对二人处以罚款，接到罚单后，小张夫妇对交警怒骂不已。最终，民警扣押阻挠执法的小张夫妇二人。

【解析】小张夫妇二人违章驾驶，违反了道路交通规则，搅乱了交通秩序，违反了治安管理条例相关内容，同时违背了公民守法的基本要求。二人在被处罚时不思悔改，反而恶意攻击执法人员，违反《治安管理处罚法》中妨碍社会管理的内容，理应受到处罚。

【案例2】女工小赵因与工友小媛发生口角而怀恨在心，回家后将此事告知了自己失聪的丈夫徐某，要求丈夫教训小媛为自己出气。徐某找到小媛，对她拳打脚踢导致小媛受到轻伤。小媛报案后，由民警肖某负责此案，肖某系小媛的同学，两人交往甚密。小赵因此申请肖某回避。小赵的请求合理吗？本案件应当如何处理？

【解析】小赵要求肖某回避符合《治安管理处罚法》的规定，肖某应当回避。肖某是违反治安管理行为人小媛的同学，且两人交往甚密，如果由肖某办理此案很可能会影响案件的公正处理，属于《治安管理处罚法》第八十一条第一款第（三）项规定的回避情形。

小赵作为教唆策划者，虽然未直接实施殴打行为，但其所起的作用是主要的，根据《治安管理处罚法》第十七条第二款、第四十三条第一款和第二十条第（二）项的规定，应按照其教唆的行为，即"殴打他人"行为，从重处罚。徐某是这起案件的主要实施者，理应以殴打他人受到较重处罚，但由于徐某是失聪人员，根据《治安管理处罚法》第十四条的规定，可以从轻或减轻处罚。

【案例3】A、B二人在盗窃井盖时被网格员发现，网格员联合民警将二人送至派出所。二人对盗窃事实供认不讳，并表明二人曾将之前盗窃的部分赃物卖给邻县典当行，经查属实。民警前往典当行调查发现，典当行工作人员长期承接典当物品不查验有关证明、不履行登记手续。本案应当如何处理？

【解析】根据《治安管理处罚法》第三十七条第（三）项，应对A、B二人以盗窃罪予以处罚，并将邻县典当行违反治安管理的线索移送邻县公安机关查处。

二、《中华人民共和国信访工作条例》（以下简称《信访工作条例》）

1. 整体概况

《信访工作条例》于2022年1月24日由中共中央政治局会议审议批准通过，2022年5月1日正式实施。

《信访工作条例》共六章 50 条，涉及总则、信访工作体制、信访事项的提出和受理、信访事项的办理、监督和追责、附则等内容。

2. 内容概要

（1）明确信访工作的性质与作用。《信访工作条例》明确，条例制定的目的是"坚持和加强党对信访工作的全面领导，做好新时代信访工作，保持党和政府同人民群众的密切联系"，开展信访工作即是开展群众工作。条例指出信访工作的目标是"促进社会和谐稳定"。深刻揭示了信访工作的政治性和人民性，阐明了信访工作所承载的政治参与、权利保障、民主监督的重要功能，体现了信访工作在党和国家工作大局中的重要地位。条例"为民解难、为党分忧"指明了信访工作所具有的治理功能和党建功能。充分发挥信访工作在党的政治建设、作风建设和纪律建设中的重要作用，有利于永远保持党和政府同人民群众的血肉联系，巩固党长期执政的基础。

（2）重塑信访工作的体制机制。条例明确，构建党委统一领导、政府组织落实、信访工作联席会议协调、信访部门推动、各方齐抓共管的信访工作格局。在原有"属地管理、分级负责，谁主管、谁负责"的原则上，新增"党政同责、一岗双责"，建立起新时代的大信访工作格局。

（3）丰富了信访概念的内涵。条例明确规定了信访形式、信访分类，书面、走访、网上流转、告知和信访人禁止性行为等内容；对建议意见、检举控告和申诉求决三类事件明确了具体办理方式，体现了为民办实事的本质要求。

（4）优化了事项办理程序。条例对事项整体办理程序作出全面规范。一是访诉既分离又对接。将涉及民商事、行政、刑事等诉讼权利救济的信访事项从普通信访体制中分离出来进行单独处理。建立健全依法处理涉法涉诉信访问题会商机制。二是涉纪问题归口处理。属于纪检监察机关受理的信访事项，转送有关纪检监察机关处理。三是意见建议规范办理。按照大信访的概念，优化和明确意见建议类办理流程。

3.《信访工作条例》的宣传工作

网格员向群众宣传依法信访的程序，维护群众合法权益。积极引导群众树立依法信访观念和理性维权意识，引导群众以合理合法的方式逐级、依法反映诉求。

在日常工作中，网格员通过发放《信访工作条例》《信访举报须知》等宣传手册，让群众知晓信访举报人的权利与义务，以及信访举报的范围、流程、渠道等知识，引导群众依法信访，维护群众合法权益。

每个网格都是宣传阵地，每个网格员都是宣传员。各社区网格采取多种方式宣传《信访条例》，如在社区宣传栏悬挂横幅宣传；利用网格化服务微信群向居民进行《信访条例》普法宣传；利用临街商铺、银行、党群服务中心等单位的LED大屏幕滚动播放条例宣传标语；设置条例宣传点，为过往群众发放宣传资料、解答群众提出的问题等。

培训课程 6

矛盾纠纷化解相关法律法规

一、《中华人民共和国人民调解法》(以下简称《人民调解法》)

1. 整体概况

《人民调解法》于 2010 年 8 月 28 日由中华人民共和国第十一届全国人民代表大会常务委员会第十六次会议通过,自 2011 年 1 月 1 日起施行。《人民调解法》共六章 35 条。涉及总则、委员会简介、调解员简介、调解程序、调解协议和附则。

《人民调解法》是我国第一部对人民调解制度进行规范的法律,是中国特色社会主义法律体系的重要组成部分,对人民调解工作依法开展、解决纠纷、构建社会主义和谐社会起到重要作用。《人民调解法》亮点如图 5-5 所示。

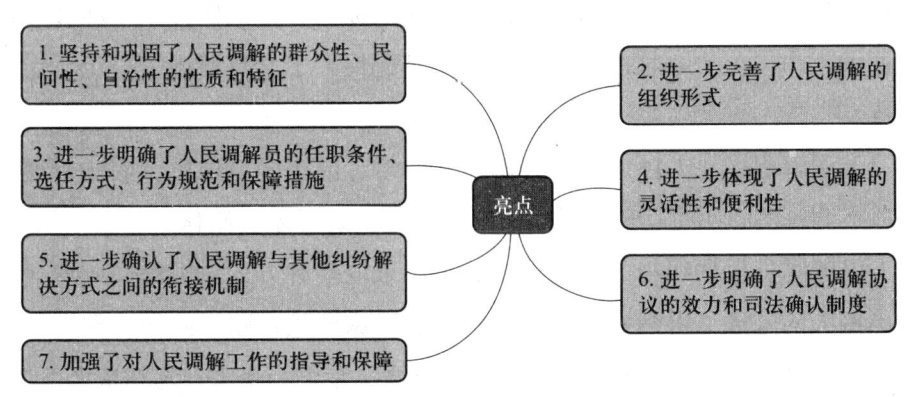

图 5-5 《人民调解法》亮点

2. 内容概要

（1）总则。为了完善人民调解制度，规范人民调解活动，及时解决民间纠纷，维护社会和谐稳定，根据宪法，制定本法。

人民调解委员会调解民间纠纷，应当遵循下列原则：在当事人自愿、平等的基础上进行调解；不违背法律、法规和国家政策；尊重当事人的权利，不得因调解而阻止当事人依法通过仲裁、行政、司法等途径维护自己的权利。

人民调解委员会调解民间纠纷，不收取任何费用。

（2）人民调解委员会。人民调解委员会是依法设立的调解民间纠纷的群众性组织。村民委员会、居民委员会设立人民调解委员会。企业事业单位根据需要设立人民调解委员会。人民调解委员会由委员三至九人组成，设主任一人，必要时，可以设副主任若干人。人民调解委员会应当有妇女成员，多民族居住的地区应当有人数较少民族的成员。

（3）人民调解员。人民调解员由人民调解委员会委员和人民调解委员会聘任的人员担任。人民调解员应当由公道正派、热心人民调解工作，并具有一定文化水平、政策水平和法律知识的成年公民担任。县级人民政府司法行政部门应当定期对人民调解员进行业务培训。

人民调解员在调解工作中有下列行为之一的，由其所在的人民调解委员会给予批评教育、责令改正，情节严重的，由推选或者聘任单位予以罢免或者解聘：偏袒一方当事人的；侮辱当事人的；索取、收受财物或者牟取其他不正当利益的；泄露当事人的个人隐私、商业秘密的。

人民调解员从事调解工作，应当给予适当的误工补贴；因从事调解工作致伤致残，生活发生困难的，当地人民政府应当提供必要的医疗、生活救助；在人民调解工作岗位上牺牲的人民调解员，其配偶、子女按照国家规定享受抚恤和优待。

（4）调解程序。人民调解员调解民间纠纷，应当坚持原则，明法析理，主持公道。调解民间纠纷，应当及时、就地进行，防止矛盾激化。

人民调解员根据纠纷的不同情况，可以采取多种方式调解民间纠纷，充分听取当事人的陈述，讲解有关法律、法规和国家政策，耐心疏导，在当事人平等协商、互谅互让的基础上提出纠纷解决方案，帮助当事人自愿达成调解协议。

人民调解员在调解纠纷过程中，发现纠纷有可能激化的，应当采取有针对性的预防措施；对有可能引起治安案件、刑事案件的纠纷，应当及时向当地公安机关或者其他有关部门报告。

人民调解员调解纠纷，调解不成的，应当终止调解，并依据有关法律、法规的规定，告知当事人可以依法通过仲裁、行政、司法等途径维护自己的权利。

人民调解员应当记录调解情况。人民调解委员会应当建立调解工作档案，将调解登记、调解工作记录、调解协议书等材料立卷归档。

（5）调解协议。经人民调解委员会调解达成调解协议的，可以制作调解协议书。当事人认为无须制作调解协议书的，可以采取口头协议方式，人民调解员应当记录协议内容。

调解协议书可以载明下列事项：当事人的基本情况；纠纷的主要事实、争议事项以及各方当事人的责任；当事人达成调解协议的内容，履行的方式、期限。

调解协议书自各方当事人签名、盖章或者按指印，人民调解员签名并加盖人民调解委员会印章之日起生效。调解协议书由当事人各执一份，人民调解委员会留存一份。

口头调解协议自各方当事人达成协议之日起生效。

经人民调解委员会调解达成的调解协议，具有法律约束力，当事人应当按照约定履行。

人民调解委员会应当对调解协议的履行情况进行监督，督促当事人履行约定的义务。

经人民调解委员会调解达成调解协议后，当事人之间就调解协议的履行或者调解协议的内容发生争议的，一方当事人可以向人民法院提起诉讼。

经人民调解委员会调解达成调解协议后，双方当事人认为有必要的，可以自调解协议生效之日起三十日内共同向人民法院申请司法确认，人民法院应当及时对调解协议进行审查，依法确认调解协议的效力。

人民法院依法确认调解协议有效，一方当事人拒绝履行或者未全部履行的，对方当事人可以向人民法院申请强制执行。

人民法院依法确认调解协议无效的，当事人可以通过人民调解方式变更原调解协议或者达成新的调解协议，也可以向人民法院提起诉讼。

3. 网格员助力人民调解案例

【案例1】某村村民 A 在自家田地中播撒农药，村民 B 家饲养的二十余只鸡在田间误食农药死亡，A 与 B 发生矛盾纠纷。

【解析】网格员在了解情况之后，立刻将矛盾情况上报，连同派出所民警以及村干部上门调解，摆事实，讲道理，明法律，最终帮助矛盾双方签订调解协议书，村民 A 赔偿村民 B 800 元，双方互相赔礼道歉。

【案例 2】为进一步提高辖区网格员法治素养和调解能力，有效发挥人民调解第一道防线作用，某街道司法所对辖区内网格员开展人民调解法治实物培训。培训立足网格员岗位职能，围绕网格员基层矛盾调处和突发事件应急处置等内容，从法律法规、调解技巧方法、应急事件处置等方面进行了详细的分析和解读，以此丰富参训人员关于人民调解工作的知识储备，引导网格员进一步认识网格调解工作的重要意义，具有很强的工作指导性和实效性。

二、《中华人民共和国劳动法》（以下简称《劳动法》）

1. 整体概况

《劳动法》于 1994 年 7 月 5 日由第八届全国人民代表大会常务委员会第八次会议通过，自 1995 年 1 月 1 日起施行。历经 2009 年、2018 年两次修正。

《劳动法》共十三章 107 条，涉及总则、促进就业、劳动合同和集体合同、工作时间和休息休假、工资、劳动安全卫生、女职工和未成年工特殊保护、职业培训、社会保险和福利、劳动争议、监督检查、法律责任和附则。

2. 内容概要

（1）总则。为了保护劳动者的合法权益，调整劳动关系，建立和维护适应社会主义市场经济的劳动制度，促进经济发展和社会进步，根据宪法，制定本法。

在中华人民共和国境内的企业、个体经济组织（以下统称用人单位）和与之形成劳动关系的劳动者，适用本法。国家机关、事业组织、社会团体和与之建立劳动合同关系的劳动者，依照本法执行。

劳动者享有平等就业和选择职业的权利、取得劳动报酬的权利、休息休假的权利、获得劳动安全卫生保护的权利、接受职业技能培训的权利、享受社会保险和福利的权利、提请劳动争议处理的权利以及法律规定的其他劳动权利。劳动者应当完成劳动任务，提高职业技能，执行劳动安全卫生规程，遵守劳动纪律和职业道德。

（2）促进就业。劳动者就业，不因民族、种族、性别、宗教信仰不同而受到歧视。妇女享有与男子平等的就业权利。在录用职工时，除国家规定的不适合妇女的工种或者岗位外，不得以性别为由拒绝录用妇女或者提高对妇女的录用标准。残疾人、少数民族人员、退出现役的军人的就业，法律、法规有特别规定的，从其规定。

禁止用人单位招用未满十六周岁的未成年人。文艺、体育和特种工艺单位招用未满十六周岁的未成年人，必须遵守国家有关规定，并保障其接受义务教育的权利。

（3）劳动合同和集体合同。劳动合同是劳动者与用人单位确立劳动关系、明确双方权利和义务的协议。建立劳动关系应当订立劳动合同。

1）订立和变更劳动合同，应当遵循平等自愿、协商一致的原则，不得违反法律、行政法规的规定。劳动合同依法订立即具有法律约束力，当事人必须履行劳动合同规定的义务。

2）下列劳动合同无效：违反法律、行政法规的劳动合同；采取欺诈、威胁等手段订立的劳动合同。无效的劳动合同，从订立的时候起，就没有法律约束力。确认劳动合同部分无效的，如果不影响其余部分的效力，其余部分仍然有效。劳动合同的无效，由劳动争议仲裁委员会或者人民法院确认。

3）劳动合同应当以书面形式订立，并具备以下条款：劳动合同期限；工作内容；劳动保护和劳动条件；劳动报酬；劳动纪律；劳动合同终止的条件；违反劳动合同的责任。劳动合同除规定的必备条款外，当事人可以协商约定其他内容。

4）劳动合同可以约定试用期。试用期最长不得超过六个月。

5）劳动合同当事人可以在劳动合同中约定保守用人单位商业秘密的有关事项。

6）劳动合同期满或者当事人约定的劳动合同终止条件出现，劳动合同即行终止。

7）有下列情形之一的，用人单位可以解除劳动合同，但是应当提前三十日以书面形式通知劳动者本人：劳动者患病或者非因工负伤，医疗期满后，不能从事原工作也不能从事由用人单位另行安排的工作的；劳动者不能胜任工作，经过培训或者调整工作岗位，仍不能胜任工作的；劳动合同订立时所依据的客观情况发生重大变化，致使原劳动合同无法履行，经当事人协商不能就变更劳动合同达成协议的。

8）用人单位濒临破产进行法定整顿期间或者生产经营状况发生严重困难，确需裁减人员的，应当提前三十日向工会或者全体职工说明情况，听取工会或者职工的意见，经向劳动行政部门报告后，可以裁减人员。用人单位依据本条规定裁减人员，在六个月内录用人员的，应当优先录用被裁减的人员。

9）用人单位解除劳动合同，工会认为不适当的，有权提出意见。如果用人单位违反法律、法规或者劳动合同，工会有权要求重新处理；劳动者申请仲裁或者提起诉讼的，工会应当依法给予支持和帮助。

10）劳动者解除劳动合同，应当提前三十日以书面形式通知用人单位。

11）有下列情形之一的，劳动者可以随时通知用人单位解除劳动合同：在试用期内的；用人单位以暴力、威胁或者非法限制人身自由的手段强迫劳动的；用人单位未按照劳动合同约定支付劳动报酬或者提供劳动条件的。

（4）工作时间和休息休假。国家实行劳动者每日工作时间不超过八小时、平均每周工作时间不超过四十四小时的工时制度。

1）对实行计件工作的劳动者，用人单位应当根据本法第三十六条规定的工时制度合理确定其劳动定额和计件报酬标准。

2）用人单位应当保证劳动者每周至少休息一日。

3）用人单位在下列节日期间应当依法安排劳动者休假：元旦、春节、国际劳动节、国庆节、法律、法规规定的其他休假节日。

4）用人单位由于生产经营需要，经与工会和劳动者协商后可以延长工作时间，一般每日不得超过一小时；因特殊原因需要延长工作时间的，在保障劳动者身体健康的条件下延长工作时间每日不得超过三小时，但是每月不得超过三十六小时。

5）有下列情形之一的，延长工作时间不受上条规定的限制：发生自然灾害、事故或者因其他原因，威胁劳动者生命健康和财产安全，需要紧急处理的；生产设备、交通运输线路、公共设施发生故障，影响生产和公众利益，必须及时抢修的；法律、行政法规规定的其他情形。用人单位不得违反本法规定延长劳动者的工作时间。

6）有下列情形之一的，用人单位应当按照下列标准支付高于劳动者正常工作时间工资的工资报酬：安排劳动者延长工作时间的，支付不低于工资百分之一百五十的工资报酬；休息日安排劳动者工作又不能安排补休的，支付不低于工资百分之二百的工资报酬；法定休假日安排劳动者工作的，支付不低于工资百分之三百的工资报酬。

7）国家实行带薪年休假制度。劳动者连续工作一年以上的，享受带薪年休假。具体办法由国务院规定。

（5）工资。工资应当以货币形式按月支付给劳动者本人。不得克扣或者无故拖欠劳动者的工资。

劳动者在法定休假日和婚丧假期间以及依法参加社会活动期间，用人单位应当依法支付工资。

（6）劳动安全卫生。用人单位必须建立、健全劳动安全卫生制度，严格执行国家劳动安全卫生规程和标准，对劳动者进行劳动安全卫生教育，防止劳动过程中的事故，减少职业危害。

1）用人单位必须为劳动者提供符合国家规定的劳动安全卫生条件和必要的劳动防护用品，对从事有职业危害作业的劳动者应当定期进行健康检查。

2）从事特种作业的劳动者必须经过专门培训并取得特种作业资格。

3）劳动者在劳动过程中必须严格遵守安全操作规程。

4）劳动者对用人单位管理人员违章指挥、强令冒险作业，有权拒绝执行；对危害生命安全和身体健康的行为，有权提出批评、检举和控告。

（7）女职工和未成年工特殊保护。国家对女职工和未成年工实行特殊劳动保护。未成年工是指年满十六周岁未满十八周岁的劳动者。

1）禁止安排女职工从事矿山井下、国家规定的第四级体力劳动强度的劳动和其他禁忌从事的劳动。

2）不得安排女职工在经期从事高处、低温、冷水作业和国家规定的第三级体力劳动强度的劳动。

3）不得安排女职工在怀孕期间从事国家规定的第三级体力劳动强度的劳动和孕期禁忌从事的劳动。对怀孕七个月以上的女职工，不得安排其延长工作时间和夜班劳动。

4）女职工生育享受不少于九十天的产假。

（8）职业培训。用人单位应当建立职业培训制度，按照国家规定提取和使用职业培训经费，根据本单位实际，有计划地对劳动者进行职业培训。从事技术工种的劳动者，上岗前必须经过培训。

国家确定职业分类，对规定的职业制定职业技能标准，实行职业资格证书制度，由经备案的考核鉴定机构负责对劳动者实施职业技能考核鉴定。

（9）社会保险和福利。国家发展社会保险事业，建立社会保险制度，设立社会保险基金，使劳动者在年老、患病、工伤、失业、生育等情况下获得帮助和补偿。

1）社会保险水平应当与社会经济发展水平和社会承受能力相适应。

2）社会保险基金按照保险类型确定资金来源，逐步实行社会统筹。用人单位和劳动者必须依法参加社会保险，缴纳社会保险费。

3）劳动者在下列情形下，依法享受社会保险待遇：退休；患病、负伤；因工伤残或者患职业病；失业；生育。

4）劳动者死亡后，其遗属依法享受遗属津贴。

5）劳动者享受社会保险待遇的条件和标准由法律、法规规定。

6）劳动者享受的社会保险金必须按时足额支付。

（10）法律责任。用人单位制定的劳动规章制度违反法律、法规规定的，由劳动行政部门给予警告，责令改正；对劳动者造成损害的，应当承担赔偿责任。

用人单位违反本法规定，延长劳动者工作时间的，由劳动行政部门给予警告，责令改正，并可处以罚款。

用人单位有下列侵害劳动者合法权益情形之一的，由劳动行政部门责令支付劳动者的工资报酬、经济补偿，并可以责令支付赔偿金：克扣或者无故拖欠劳动者工资的；拒不支付劳动者延长工作时间工资报酬的；低于当地最低工资标准支付劳动者工资的；解除劳动合同后，未依照本法规定给予劳动者经济补偿的。

用人单位的劳动安全设施和劳动卫生条件不符合国家规定或者未向劳动者提供必要的劳动防护用品和劳动保护设施的，由劳动行政部门或者有关部门责令改正，可处以罚款；情节严重的，提请县级以上人民政府决定责令停产整顿；对事故隐患不采取措施，致使发生重大事故，造成劳动者生命和财产损失的，对责任人员依照刑法有关规定追究刑事责任。

用人单位强令劳动者违章冒险作业，发生重大伤亡事故，造成严重后果的，对责任人员依法追究刑事责任。

用人单位非法招用未满十六周岁的未成年人的，由劳动行政部门责令改正，处以罚款；情节严重的，由市场监督管理部门吊销营业执照。

用人单位违反《劳动法》对女职工和未成年工的保护规定，侵害其合法权益的，由劳动行政部门责令改正，处以罚款；对女职工或者未成年工造成损害的,应当承担赔偿责任。

用人单位有下列行为之一,由公安机关对责任人员处以十五日以下拘留、罚款或者警告;构成犯罪的,对责任人员依法追究刑事责任:以暴力、威胁或者非法限制人身自由的手段强迫劳动的;侮辱、体罚、殴打、非法搜查和拘禁劳动者的。

由于用人单位的原因订立的无效合同,对劳动者造成损害的,应当承担赔偿责任。

用人单位违反《劳动法》规定的条件解除劳动合同或者故意拖延不订立劳动合同的,由劳动行政部门责令改正;对劳动者造成损害的,应当承担赔偿责任。

用人单位招用尚未解除劳动合同的劳动者,对原用人单位造成经济损失的,该用人单位应当依法承担连带赔偿责任。

用人单位无故不缴纳社会保险费的,由劳动行政部门责令其限期缴纳;逾期不缴的,可以加收滞纳金。

劳动者违反本法规定的条件解除劳动合同或者违反劳动合同中约定的保密事项,对用人单位造成经济损失的,应当依法承担赔偿责任。

劳动行政部门或者有关部门的工作人员滥用职权、玩忽职守、徇私舞弊,构成犯罪的,依法追究刑事责任;不构成犯罪的,给予行政处分。

国家工作人员和社会保险基金经办机构的工作人员挪用社会保险基金,构成犯罪的,依法追究刑事责任。

违反《劳动法》规定侵害劳动者合法权益,其他法律、行政法规已规定处罚的,依照该法律、行政法规的规定处罚。

二、《中华人民共和国反家庭暴力法》(以下简称《反家庭暴力法》)

1. 整体概况

《反家庭暴力法》于2015年12月27日由第十二届全国人大常委会第十八次会议表决通过,作为中国第一部反家暴法,该法于2016年3月1日起施行。

《反家庭暴力法》共六章38条,涉及总则、家庭暴力的预防、家庭暴力的处置、人身安全保护令、法律责任和附则等内容。

2. 内容概要

(1)家庭暴力的概念及适用范围。《反家庭暴力法》第二条规定,家庭暴力，是指家庭成员之间以殴打、捆绑、残害、限制人身自由以及经常性谩骂、恐吓等方式实施的身体、精神等侵害行为。

第三十七条规定，家庭成员以外共同生活的人之间实施的暴力行为，参照本法规定执行。

（2）预防和制止家庭暴力工作的五项原则。即对家庭暴力零容忍的原则；共同责任原则；预防为主，教育矫治和惩处相结合的原则；特殊保护的原则；尊重受害人意愿，保护当事人隐私的原则。

（3）明确强制报告。《反家庭暴力法》第十四条规定，学校、幼儿园、医疗机构、居民委员会、村民委员会、社会工作服务机构、救助管理机构、福利机构及其工作人员在工作中发现无民事行为能力人、限制民事行为能力人遭受或者疑似遭受家庭暴力的，应当及时向公安机关报案。

（4）明确告诫制度。《反家庭暴力法》第十六条规定，家庭暴力情节较轻，依法不给予治安管理处罚的，由公安机关对加害人给予批评教育或者出具告诫书。

告诫书应当包括加害人的身份信息、家庭暴力的事实陈述、禁止加害人实施家庭暴力等内容。

（5）明确人身安全保护令制度。《反家庭暴力法》第四章专门对人身安全保护令进行规定。对当事人实际情况、案件管辖、申请条件、保护措施等多方面进行明确，确保申请人的人身安全。

（6）明确紧急庇护制度。《反家庭暴力法》第十五条规定，无民事行为能力人、限制民事行为能力人因家庭暴力，身体受到严重伤害、面临人身安全威胁或者处于无人照料等危险状态的，公安机关应当通知并协助民政部门将其安置到临时庇护场所、救助管理机构或者福利机构。

（7）撤销监护制度。《反家庭暴力法》第二十一条规定，监护人实施家庭暴力严重侵害被监护人合法权益的，人民法院可以根据被监护人的近亲属、居民委员会、村民委员会、县级人民政府民政部门等有关人员或者单位的申请，依法撤销其监护人资格，另行指定监护人。

被撤销监护人资格的加害人，应当继续负担相应的赡养、扶养、抚养费用。

培训课程 7

社会治理与公共服务类法律法规

一、《中华人民共和国公共文化服务保障法》（以下简称《公共文化服务保障法》）

1. 整体概况

《公共文化服务保障法》于2016年12月25日由中华人民共和国第十二届全国人民代表大会常务委员会第二十五次会议通过，自2017年3月1日起施行。

《公共文化服务保障法》共六章65条，涉及总则、公共文化设施建设与管理、公共文化服务提供、保障措施、法律责任、附则等内容。

2. 内容概要

（1）坚持政府主导。《公共文化服务保障法》第二条规定，本法所称公共文化服务，是指由政府主导、社会力量参与，以满足公民基本文化需求为主要目的而提供的公共文化设施、文化产品、文化活动以及其他相关服务。坚持政府主导，规定了政府在公共文化服务组织、管理、提供、保障中的职责，有利于强化政府在公共文化服务中的主体责任，构建起责任政府，更好地坚持"以人民为中心"，切实做到公共文化事业"为人民服务"。

（2）坚持问题导向。我国公共服务的短板在于服务效能不高，无法有效发挥作用。《公共文化服务保障法》第十八条规定，地方各级人民政府可以采取新建、改建、扩建、合建、租赁、利用现有公共设施等多种方式，加强乡镇（街道)、村(社区)基层综合性文化服务中心建设,推动基层有关公共设施的统一管理、综合利用,并保障其正常运行。这一规定解决了基层文化建设中"散乱"的问题,汇聚服务力量,更有针对性地提升公共文化服务水平。

(3)强调农村与特殊群体文化保障。《公共文化服务保障法》第四十六条规定,国务院和省、自治区、直辖市人民政府应当增加投入,通过转移支付等方式,重点扶助革命老区、民族地区、边疆地区、贫困地区开展公共文化服务。国家鼓励和支持经济发达地区对革命老区、民族地区、边疆地区、贫困地区的公共文化服务提供援助。这一规定关注农村文化需求,一改之前"铺盖漫灌"式公共文化服务供给方式,针对不同农村地区不同需求进行精准化的文化服务供给。

《公共文化服务保障法》第九条规定,各级人民政府应当根据未成年人、老年人、残疾人和流动人口等群体的特点与需求,提供相应的公共文化服务。这一规定关注特殊群体,是社会公平正义的体现,是政府建设现代化公共文化服务体系的必然举措。

二、《中华人民共和国社会保险法》(以下简称《社会保险法》)

1. 整体概况

《社会保险法》于2010年10月28日由第十一届全国人民代表大会常务委员会第十七次会议通过,2011年7月1日正式实施,并于2017年进行修正。

《社会保险法》共十二章98条,涉及总则、基本养老保险、基本医疗保险、工伤保险、失业保险、生育保险、社会保险费征缴、社会保险基金、社会保险经办、社会保险监督、法律责任、附则等内容。

2. 内容概要

(1)医疗费用可异地报销。《社会保险法》第二十九条规定,参保人员医疗费用中应当由基本医疗保险基金支付的部分,由社会保险经办机构与医疗机构、药品经营单位直接结算。社会保险行政部门和卫生行政部门应当建立异地就医医疗费用结算制度,方便参保人员享受基本医疗保险待遇。这一规定对于异地就医病人提供了极大的便利。

(2)工伤保险医疗费采取先行支付制度。《社会保险法》规定,工伤医疗费可从工伤保险基金中先行支付。这一举措使得因工受伤职工特别是农民工能够切实得到保障,所受工伤能够及时得到治疗。

（3）失业人员在领取保险金期间可继续享受医保待遇。《社会保险法》第四十八条规定，失业人员在领取失业保险金期间，参加职工基本医疗保险，享受基本医疗保险待遇。失业人员应当缴纳的基本医疗保险费从失业保险基金中支付，个人不缴纳基本医疗保险费。这一规定进一步提升了失业人员待遇，缓解了失业压力，从而帮助失业人员渡过困境。

（4）生育保险一人缴费夫妻共享。《社会保险法》第五十四条规定，用人单位已经缴纳生育保险费的，其职工享受生育保险待遇；职工未就业，配偶按照国家规定享受生育医疗费用待遇。所需资金从生育保险基金中支付。生育保险待遇包括生育医疗费用和生育津贴。这一规定将未就业职工配偶纳入保险范围，改变了原有生育保险只保参保人员的做法，充分体现出我国社会保障制度的优越性。

培训课程 8

数据安全类法律法规

一、《中华人民共和国数据安全法》(以下简称《数据安全法》)

1. 整体概况

《数据安全法》于2021年6月10日由第十三届全国人民代表大会常务委员会第二十九次会议通过，2021年9月1日正式施行。

《数据安全法》共七章55条，内容涉及总则、数据安全与发展、数据安全制度、数据安全保护义务、政务数据安全与开放、法律责任和附则等内容。

《数据安全法》是我国首部与数据安全相关的法律，维护数据安全，是遵循国家安全观的体现，对于维护国家主权、安全与发展具有重要作用。

2. 内容概要

（1）明确"数据"范畴。本法所称数据，是指任何以电子或者其他方式对信息的记录。明确"数据"不仅仅是指电子数据，还包括非电子形式的数据（如敏感纸质资料），扩大数据保护的范畴，确保法律制定能够做到"有效保护"与"合理利用"。

（2）关注弱势群体需求。《数据安全法》第十五条规定，国家支持开发利用数据提升公共服务的智能化水平。提供智能化公共服务，应当充分考虑老年人、残疾人的需求，避免对老年人、残疾人的日常生活造成障碍。

数字化发展日新月异，国家深入考虑到数据发展的实际情况，提升公共服务智能化水平以满足弱势群体需求。

（3）关注核心数据。对于"关系国家安全、国民经济命脉、重要民生、重大公共利益等"的数据，将"实行更加严格的管理制度"。《数据安全法》将数据分级分类管理，对重要数据重点保护，是维护国家数据安全的重要体现。

（4）明确数据安全保护义务的要求。《数据安全法》第二十七条规定，开展数据处理活动应当依照法律、法规的规定，建立健全全流程数据安全管理制度，组织开展数据安全教育培训，采取相应的技术措施和其他必要措施，保障数据安全。这一规定明确建立全流程数据安全管理制度，覆盖数据收集、存储、加工、使用、提供、交易、公开等流程。

（5）要求合法收集数据。《数据安全法》第三十二条规定，任何组织、个人收集数据，均应当采取合法、正当的方式，不得窃取或者以其他非法方式获取数据。这一规定明确了收集数据的合法、正当要求，包括不得从非法的渠道收集数据，不得隐秘收集数据，不得以欺诈、诱骗、误导的方式收集数据等。

（6）促进政务数据安全与开放。《数据安全法》第三十七条规定，国家大力推进电子政务建设，提高政务数据的科学性、准确性、时效性，提升运用数据服务经济社会发展的能力。这一规定明确了国家对于政务数据的基本要求和对于电子政务建设的大力支持。

二、《中华人民共和国个人信息保护法》（以下简称《个人信息保护法》）

1. 整体概述

《个人信息保护法》于2021年8月20日由第十三届全国人大常委会第三十次会议表决通过，自2021年11月1日施行。

《个人信息保护法》共八章74条，涉及总则、个人信息处理规则、敏感个人信息的处理规则、个人信息跨境提供的规则、个人在个人信息处理活动中的权利、个人信息处理者的义务、履行个人信息保护职责的部门、法律责任和附则等内容。

2. 内容概要

（1）明确界定个人信息。个人信息是以电子或者其他方式记录的与已识别或者可识别的自然人有关的各种信息，不包括匿名化处理后的信息。个人信息的处理包括个人信息的收集、存储、使用、加工、传输、提供、公开、删除等。明确了个人信息的概念以及信息处理的内容，为个人信息提供更加准确的界定。

（2）提出个人信息处理的三大要求。处理个人信息应当采取对个人权益影响最小的方式，收集范围应当限于实现处理目的的最小范围，保存期限应当为实现处理目的所必要的最短时间。

（3）规范互联网平台服务，防止"大数据杀熟"。个人信息处理者利用个人信息进行自动化决策，应当保证决策的透明度和结果公平、公正，不得对个人在交易价格等交易条件上实行不合理的差别待遇。通过自动化决策方式向个人进行信息推送、商业营销，应当同时提供不针对其个人特征的选项，或者向个人提供便捷的拒绝方式。通过自动化决策方式作出对个人权益有重大影响的决定，个人有权要求个人信息处理者予以说明，并有权拒绝个人信息处理者仅通过自动化决策的方式作出决定。

这一举措可以有效防止企业通过掌握消费者信息从而对消费者实行差别待遇，保护消费者的基本权益。

（4）保护个人敏感信息。将生物识别、宗教信仰、特定身份、医疗健康、金融账户、行踪轨迹等信息列为敏感个人信息。对于敏感信息的处理，应当具有具体特定的目标和充分的必要性，敏感信息处理应当在采取严格保护措施的情形下方可进行，且应在处理前评估，向个人告知处理的必要性及影响。

此外，将不满十四周岁未成年人的个人信息确定为敏感个人信息予以严格保护。

（5）充分赋予个人权利与主体义务。明确个人在个人信息处理中具有知情权、决定权。对于信息处理者，本法明确个人信息处理者应当对其个人信息处理活动负责，并采取必要措施保障所处理的个人信息的安全。对于大型网络平台提出特别义务：

1）按照国家规定建立健全个人信息保护合规制度体系，成立主要由外部成员组成的独立机构对个人信息保护情况进行监督。

2）遵循公开、公平、公正的原则，制定平台规则。

3）对严重违法处理个人信息的平台内产品或者服务提供者，停止提供服务。

4）定期发布个人信息保护社会责任报告，接受社会监督。

培训课程 9

生态环保的法律法规

一、《中华人民共和国环境保护法》（以下简称《环境保护法》）

1. 整体概述

《环境保护法》于 1989 年 12 月 26 日由第七届全国人民代表大会常务委员会第十一次会议通过，并于 2014 年修订，2015 年 1 月 1 日正式施行。

修订后的《环境保护法》共七章 70 条，涉及总则、监督管理、保护和改善环境、防治污染和其他公害、信息公开和公众参与、法律责任、附则等内容。

2. 内容概要

（1）加大惩治力度。《环境保护法》第五十九条规定，企业事业单位和其他生产经营者违法排放污染物，受到罚款处罚，被责令改正，拒不改正的，依法作出处罚决定的行政机关可以自责令改正之日的次日起，按照原处罚数额按日连续处罚。

"按日计罚"提高了企业的违法成本，加大了处罚力度，敦促企业及时整改，可以有效遏制连续性违法行为。

（2）立法理念创新。《环境保护法》第一条明确规定，为保护和改善环境，防治污染和其他公害，保障公众健康，推进生态文明建设，促进经济社会可持续发展，制定本法。将可持续发展写入立法目的。第四条规定，保护环境是国家的基本国策。明确了环境保护的重要地位。

（3）制度更加完善。《环境保护法》第十八条规定，省级以上人民政府应当组织有关部门或者委托专业机构，对环境状况进行调查、评价，建立环境资源承载能力监测预警机制。第二十六条规定，国家实行环境保护目标责任制和考核评价制度。第四十七条规定，县级以上人民政府应当建立环境污染公共监测预警机制，组织制定预警方案。

新修订的《环境保护法》完善了环境资源承载能力监测预警机制和环境污染公共监测预警机制、环境资源承载能力监测预警机制和环境污染公共监测预警等一系列机制，并确定信息公开与公众参与机制，为环境保护工作开展提供了更加明确的制度保障。

（4）强化各方责任。《环境保护法》强化了各方责任，对于违法行为实施"按日计罚"，相关环境服务机构需要承担连带责任，同时也规定符合条件的社会组织可以提起公益诉讼，并明确将环境违法信息归入社会诚信档案。

二、《中华人民共和国大气污染防治法》（以下简称《大气污染防治法》）

1. 整体概述

《大气污染防治法》于1987年9月5日由第六届全国人民代表大会常务委员会第二十二次会议通过，并于1988年6月1日起施行。历经1995年、2018年两次修正，2000年、2015年两次修订。

修正后的《大气污染防治法》共八章129条，涉及总则、大气污染防治标准和限期达标规划、大气污染防治的监督管理、大气污染防治措施、重点区域大气污染联合防治、重污染天气应对、法律责任和附则等内容。

2. 内容概要

（1）根据污染类型明确防治措施。《大气污染防治法》将污染类型进行详细区分，并明确每类污染类型的具体防治类型。

（2）重点区域联合防治。《大气污染防治法》第八十六条规定，由国家建立重点区域大气污染联防联控机制，统筹协调重点区域内大气污染防治工作。重点区域内有关省、自治区、直辖市人民政府应当确定牵头的地方人民政府，开展大气污染联合防治，落实大气污染防治目标责任。

（3）加大处罚力度。与《环境保护法》类似，《大气污染防治法》同样加大对违法行为的处罚力度。法律中涉及违法行为90余种，对于超标排放的最高处罚达到一百万元。

（4）信息公开与公众参与。《大气污染防治法》强调了信息公开与公众参与，重点排污单位名录、重点区域内大气污染来源及变化趋势、负责部门的电子邮箱等信息均应该对外公布，构建群众参与、共同防治的大气污染防范体系。

三、其他环保法规

1. 《中华人民共和国环境噪声污染防治法》
2. 《中华人民共和国水污染防治法》
3. 《中华人民共和国土地管理法》
4. 《中华人民共和国文物保护法》
5. 《中华人民共和国森林法》
6. 《中华人民共和国节约能源法》
7. 《中华人民共和国固体废物污染环境防治法》

附录
城乡社区网格化服务管理规范

GB/T 34300—2017

中华人民共和国国家质量监督检验检疫总局
中国国家标准化管理委员会　　发布

1. 范围

本标准规定了城乡社区网格化服务管理的总体目标、网格划分、工作机构和运行方式、设施和经费保障等方面的要求。

本标准适用于全国城乡社区网格化服务管理工作。本标准也适用于指导尚未开展农村社区建设的行政村的网格化服务管理工作。

2. 规范性引用文件

下列文件对于本文件的应用是必不可少的。凡是注日期的引用文件，仅注日期的版本适用于本文件。凡是不注日期的引用文件，其最新版本（包括所有的修改单）适用于本文件。

GB/T 31000—2015　社会治安综合治理基础数据规范
GB/T 33200—2016　社会治安综合治理综治中心建设与管理规范

3. 术语和定义

下列术语和定义适用于本文件。

3.1　社会治安综合治理　comprehensive management of public security

各部门各方面协调一致，齐抓共管，运用多种手段，打防并举，标本兼治，整治社会治安，打击和预防犯罪，保证社会治安的稳定。

[GB/T 31000—2015，定义 3.1]

3.2　社会治安综合治理中心　central for the comprehensive management of public security

社会治安综合治理组织发挥组织协调作用建立的社会治安综合治理工作中心。

[GB/T 31000—2015，定义 3.4]

注：其中县、乡、村三级综治中心建设通过加强网格化服务管理、社会化服务、信息化支撑、人财物保障，强化实战功能，并将综治中心的服务管理资源进一步向网格、家庭延伸，做到矛盾纠纷联调、社会治安联防、重点工作联动、治安突出问题联治、服务管理联抓、基层平安联创，及时反映和协调人民群众利益诉求。

3.3 社会治安综合治理信息系统 information system for the comprehensive management of public security

以综合治理业务需求为导向，充分利用已有基础设施，整合各类平台资源，通过系统文本、图像、音频、视频等各种信息数据进行集成、交换、共享等方式，建设的纵向贯通、横向集成、安全可靠的信息系统。

[GB/T 31000—2015，定义 3.2]

注：简称综治信息系统。

3.4 公共安全视频监控建设联网应用 creation, networking and application of public security video surveillance

雪亮工程

以"全域覆盖、全网共享、全时可用、全程可控"为目标，加强公共安全视频监控系统建设，推动系统联网和各类视频监控资源整合，推进和保障各地区各部门对视频图像资源的共享应用。

3.5 网格 grid

在城乡社区、行政村及其他特定空间区划之内划分的基层综合服务管理单元。

4. 总体目标

坚持系统治理、综合治理、依法治理、源头治理，坚持党委领导，政府主导，各部门齐抓共管，社会力量积极参与，在城乡社区开展网格化服务管理，把必要的资源、服务、管理配置到基层，使基层有职有权有物，更好地为群众提供精准高效的服务管理，及时反映和协调人民群众各方面、各层次利益诉求，不断筑牢平安中国建设基层基础，提升社会治安综合治理水平。

5. 网格划分

根据本地区实际，城乡社区原则上宜按照常住 300~500 户或 1 000 人左右为单位划分网格；行政村可以将一个村民小组（自然村）划分为一个或多个网格；对城乡社区内较大商务楼宇、各类园区、商圈市场、学校、医院及有关企业事业单位，可以结合实际划分为专属网格。

每个网格应有唯一的编码，以实现网格地理信息数字化。网格编码由省（自治区、直辖市）统一编制并确定。

6. 工作机构与运行方式

6.1 基本要求

各省（自治区、直辖市）、市（地、州、盟）、县（市、区、旗）、乡镇（街道）社区（村）应设立网格化服务管理中心，在同级党组织领导下开展工作，与同级综治中心一体运行，负责组织实施本辖区内网格化服务管理相关工作，并与同级政务服务平台联网。

开展网格化服务管理，综治中心应充分发挥职能作用，并运用综治信息系统，实现信息、资源和力量联动融合，增强基层社会治理合力。将网格作为综治中心的基本单元，综治中心的服务管理资源进一步向网格、楼栋和家庭等延伸，增强基层社会治理的精细和精准。

6.2 人员组成

6.2.1 领导人员

网格化服务管理中心主任可由同级综治中心主任兼任，负责组织网格化服务管理中心的管理工作，并可以结合实际设置一名或若干名副主任。

6.2.2 工作人员

网格化服务管理中心的工作人员与同级综治中心的工作人员应统筹管理和使用（见 GB/T 33200—2016）。

6.2.3 网格管理员

社区（村）网格化服务管理中心应当为辖区内的每个网格配备网格管理员。每个网格可以配置一名或多名网格管理员。配置多名网格管理员的网格可配置网格长。

网格管理员可由社区（村）"两委"成员、包（驻）社区（村）的乡镇（街道）干部、村（居）民小组长、大学生村官、安全员、社会工作者、人民调解员、平安志愿者、楼栋长等人员担任。可按照相关法律政策规定通过政府购买服务等办法聘用社会工作者担任并定岗定责加强规范化管理。

网格管理员应具备良好的政治素质、业务能力和正常履行职责的身体条件，遵纪守法、品行端正，经培训后实行持工作证上岗。网格化服务管理中心应当严格做好网格管理员的选聘任用工作，并加强教育培训，相关部门应主动参与做好网格管理员的业务培训工作并加强工作指导。

合理确定网格管理员劳动报酬和工作补贴,建立激励机制,并根据经济发展和财力情况完善网格管理员待遇正常增长机制,保持队伍稳定。

网格化服务管理中心根据网格管理员本人的工作业绩和日常表现、辖区单位和居民满意度评价等,对网格管理员进行绩效考核,并将考核结果与其报酬、奖惩、培养、使用挂钩。对考核不称职或违法违纪的网格管理员依法依规解聘。

6.2.4 社会力量

网格化服务管理中心应当支持相关社会组织参与网格化服务管理工作,充分发动城乡社区退休的老党员老干部、热心社区事务的居民党员、楼栋长、巷道长、物业人员、业主委员会成员或其他志愿者,积极协助开展网格化服务管理相关工作。

充分发挥村(居)委会、人民调解委员会等依法律法规成立的基层群众组织在网格化服务管理工作中的作用。

6.3 功能定位

各级网格化服务管理中心负责组织、协调、指导本辖区内网格化服务管理工作,加强相关工作队伍建设与管理。具体包括以下功能:

a)基础信息采集。全面采集网格内人、地、物、事、组织等基本治安要素的信息,使其达到 GB/T 31000—2015 的要求,录入综治信息系统并及时做好数据更新;

b)社情民意收集。通过定期或不定期到网格走访巡查等办法,及时从居民当中了解社情民意,排查、梳理、处理各种不安定因素,并按照 GB/T 31000—2015 的要求,及时将相关情况录入综治信息系统;

c)安全隐患排查整治。配合相关职能部门对网格内社会治安、生产安全、交通安全、铁路运营安全、环境安全、消防安全、食品药品安全,以及传销、非法集资、劳动关系矛盾纠纷、邪教活动等隐患开展排查,对网格内流动人口和特殊人群服务管理、扫黄打非、预防青少年违法犯罪、反恐安全防范等方面政策法律法规执行情况进行检查,督促有关方面对存在问题抓好整改,并按照 GB/T 31000—2015 的要求及时将相关情况录入综治信息系统;

d)矛盾纠纷排查化解。通过定期排查、街面巡查、入户走访等,全面排查网格内各类矛盾纠纷,第一时间予以化解和处置,积极协调有关调解组织和职能部门开展调处,并按照 GB/T 31000—2015 的要求,及时将相关情况录入综治信息系统；

e）参与做好社会心理服务、疏导和危机干预。及时掌握网格内居民的心理健康状况，对矛盾突出、生活失意、心态失衡、行为失常人群及性格偏执人员加强人文关怀和跟踪帮扶，并协同有关部门依靠专业力量开展心理辅导、心理危机干预等；

f）政策法律法规宣传。向居民宣传国家有关政策法律法规及村规民约，宣传普及安全防范知识，组织发动群众积极参与基层平安创建，引导群众自觉遵纪守法，倡导文明社会风尚；

g）公共服务代办。可以结合实际，协同省、市、县三级政务服务中心以及乡镇（街道）便民服务中心、城乡社区综合服务中心（站）等政务服务平台，在劳动就业、社会保险、社会救助、社会福利、计划生育等方面，为网格内的居民群众提供高效便捷的综合服务；

h）深入开展数据分析。通过对综治信息系统中的数据进行关联分析、研判应用，研究把握本地区矛盾纠纷和社会治安状况的规律特点和趋势走向，为党委政府决策提供参考；

i）参与系列平安创建活动。主动衔接各部门，协助做好网格内平安创建活动；

j）落实党委、政府或者上级网格化服务管理中心交办的其他事项。

6.4 任务的流转办理

对于在网格化服务管理中了解到的群众诉求、发现的问题隐患等，应当依托综治信息系统、运用现代信息技术，统一做好源头发现、采集建档、分流交办、检查督促、结果反馈等，形成闭环工作流程。具体包括以下内容：

a）网格管理员在工作中发现相关群众诉求、问题隐患，应当及时予以协调解决；处理不了的，应当及时上报社区（村）网格化服务管理中心；

b）各级网格化服务管理中心在工作中发现或者接到下级网格化服务管理中心、网格管理员上报的相关群众诉求、问题隐患，属于本单位或同级相关部门职责范围的，应当及时解决或分流至相关部门解决，对涉及多个部门的问题应根据需要加强协调；属于下级网格化服务管理中心职责范围的，应当及时交办；需要由上级网格化服务管理中心协调的，应当及时上报；

c）各级网格化服务管理中心对发现或者接报的相关群众诉求、问题隐患应当在规定时间内办结，或者跟踪检查督促同级相关部门、下级网格化服务管理中心在规定时间内办结，并将办理结果向相关居民群众反馈；

d）乡镇（街道）以上各级网格化服务管理中心应当对上述全过程建立电子档案。有条件的社区（村）网格化服务管理中心可建立电子档案；

e）做好任务流转办理过程中的其他工作。

7. 设施要求

7.1 一般要求

网格化服务管理中心与同级综治中心一体运行，其办公用房、办公设备等应符合 GB/T 33200—2016 中 8.1 的规定，并增加网格化服务管理中心的标志、标牌。标牌名称统一为：××省（自治区、直辖市）、××市（地、州、盟）、××县（市、区、旗）、××乡镇（街道）网格化服务管理中心。社区（村）网格化服务管理中心可不挂牌。

7.2 信息系统

网格化服务管理中心应当配备和运用综治信息系统，综治信息系统应满足第 6 章的要求并应具备以下功能：

a）联通对接国家人口基础信息库和各相关职能部门信息系统，实现整合共享、关联比对、综合集成；

b）有条件的地方为每名网格管理员配备手持信息采集终端或提供相应的手机 App，通过照片、文字、音频、视频等形式实现对有关信息实时采集，并与综治中心、网格化服务管理中心互联互通；

c）联接网格内公共安全视频监控系统，并与综治视联网系统对接，具备图片、视频实时上报、实时处理、实时流转、实时监督功能，真正发挥"雪亮工程"作用。

各级网格化服务管理中心应建立健全相关的信息安全保障体系，建立严格的信息安全等级保护和信息保密制度，实现对基础设施、信息和应用等资源的立体化、自动化安全监测，对终端用户和应用系统的全方位、智能化安全防护。信息使用管理实行分级授权准入制度，并实行"一级一权限、一机一账号、一人一密码"，确保信息数据及服务管理对象个人信息安全保密。

8. 经费保障

根据《中共中央办公厅 国务院办公厅印发〈关于加强社会治安防控体系建设的意见〉的通知》《中共中央办公厅 国务院办公厅转发〈中央政法委员会、中央社会治安综合治理委员会关于深入开展平安建设的意见〉的通知》和

《中华人民共和国预算法》等法律政策精神，由各级人民政府及其财政部门对社会治安综合治理和平安建设经费予以合理保障，将应由政府承担的经费按规定纳入同级财政预算，"权随责走、费随事转"，保证网格化服务管理中心和综治中心建设、运行、维护等工作顺利开展。同时，逐步建立适应社会主义市场经济要求的经费保障机制，充分调动社会各方面力量，多渠道筹措资金，共同参与建设。将网格化服务管理纳入社区服务工作或群防群治管理，通过政府购买服务等方式加强社会治安防控网建设，对城市流动人口、农村留守人员、困难群体、特殊人群社会服务等工作，可按照有关政策纳入政府购买服务项目库，加大经费投入，提高保障水平。可以通过政府购买服务等方式，将矛盾纠纷多元化解工作委托给社会力量承担，并进行绩效评价。